# Lutero Rodrigues Bezerra de Melo

# Como as telenovelas capturam e aprisionam os telespectadores

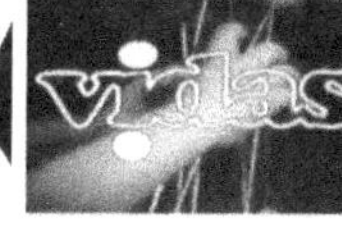

*Lutero Rodrigues Bezerra de Melo*

# Como as telenovelas capturam
# e aprisionam os telespectadores

*Maceió - Alagoas*
*2002*

**Revisão**
*Hylmara Cristina Santana*

# FICHA CATALOGRÁFICA

*Melo, Lutero Rodrigues Bezerra de.*

**Como as telenovelas capturam
e aprisionam os telespectadores.**

**Maceió - Alagoas: 2002.  156 Pg.**


1. **Teoria Estética da Recepção.**

    2. **Estudo de Recepção de Telenovelas.**

3. **Título.**

**Contato com o autor:** *rodrimelo@yahoo.com.br*

# Sumário

# Prefácio

*Essa obra pretende analisar o processo de produção das telenovelas e as apropriações que delas fazem os telespectadores, objetivando a compreensão dos processos de interação entre produtores e receptores desse gênero midiático. Para tanto, o referencial teórico resulta da consorciação entre diversas correntes da teoria estética da recepção e conceitos da psicanálise e da psicologia social, para se chegar a um estatuto próprio do objeto em estudo, mapeando os processos mentais que por ele são desencadeados para produzir sentido.*

*A pesquisa parte do pressuposto de que as telenovelas obedecem a um estatuto próprio que, de alguma forma, as unificam. O objetivo é buscar generalizações que possam desvelar na produção das telenovelas os dispositivos de apresentação e atualização dos discursos hegemônicos, que reproduzem e fazem interagir o sistema simbólico com o sistema social, servindo para modelar o comportamento e as práticas cotidianas dos telespectadores.*

*Em seu contexto mais amplo, dentro de um eixo analítico da construção social dos discursos, das identidades e das representações simbólicas, o texto busca compreender como a mídia, cada vez mais, exerce o poder de construir consciências, desempenhando o papel de dispositivo de controle, organização, administração e gerenciamento social.*

*Busca-se, também, analisar como ocorre o processo de criação de vínculos entre os pólos de produção e recepção das telenovelas, que reforçam, estimulam e/ou inibem determinadas identificações, mostrando como esse gênero influi na formação do imaginário social, posto que a relação entre a telenovela e o telespectador gera um espaço de mediação e/ou circulação de sentido.*

*O enredo reforça determinados discursos e menosprezam outros, conforme a necessidade de controle social requisitada pelo momento político-social. Outro aspecto considerado são os processos pelo quais as telenovelas ativam e desativam a memória coletiva, através da atualização oral de determinados discursos. Após ler esse livro, nunca mais você assistirá à telenovela do mesmo jeito.*

*O autor*

# 1 - Introdução

Na contemporaneidade, o conceito de representação perde hegemonia diante o poder desestruturador da simulação, que provocou a colagem/fusão entre a realidade e sua representação, ocasionando a ruptura da tradicional estrutura espaço-temporal de construção e sustentação do sentido, provocando a manifestação de um novo paradigma de circulação de sentido e de um novo lugar de síntese e ruptura discursiva.

A mídia passa a apresentar a realidade, sendo o elo entre o indivíduo e o ambiente social. Durante o tempo de exposição o sujeito receptor é interpelado pelos discursos midiáticos que exigem dele o reconhecimento e a reafirmação dos sentidos ofertados. As formas contemporâneas de comunicação e informação não só eliminaram a distância entre os discursos da mídia e a realidade a que se refere como passou a produzir e apresentar por si só a realidade, a partir de sua própria dinâmica.

O conceito de manipulação não cabe mais nesse novo processo de interação entre mídia e realidade social. Isso porque os discursos socialmente hegemônicos são produzidos, difundidos e controlados a partir do próprio uso das tecnologias da comunicação e da informação. Ou seja, a realidade passa a ser uma simulação, um efeito da linguagem e da técnica midiática.

Não havendo mais segregação entre mídia e realidade social, esse ambiente de simulação discursiva arrasta o telespectador para dentro de si, restando a ele aceitar e dar continuidade aos sentidos disponibilizados ou rejeitar e "sabotar" os sentidos que lhe são apresentados, desconstruindo os discursos. No entanto, isso exige um posicionamento crítico refinado.

Os discursos midiáticos endereçados aos telespectadores estão fundamentados no desejo de uma falta, visando atender a determinadas carências simbólicas, afetivas, psicológicas, culturais, sociais e econômicas. Mas outros desejos, que não aqueles previstos originalmente pelos que produzem televisão, podem ser aliciados pelos telespectadores.

Ao ser requisitado pela mídia para articular seu desejo com o desejo do outro (no caso o desejo da mídia) ou substituir seu desejo pelo desejo que lhe é sugerido, o telespectador pode concluir que as compensações simbólicas que lhe são prometidas não lhe satisfazem.

Os discursos da mídia não são endereçados apenas ao telespectador como indivíduo único, mas também aos grupos sociais a que ele pertence, como categorias simbólicas coletivas e autônomas. As carências sugeridas pela mídia passam a ser as carências dos telespectadores, pois a mídia interpela o telespectador incessantemente: você tem fome de quê? Você tem sede de quê? Você tem desejo de quê?

Quais são suas expectativas? Quais são seus sonhos e fantasias?

A mídia constrói nos telespectadores o desejo de desejar, transformando-se em um lugar 'privilegiado' para o indivíduo "tomar consciência de seus próprios desejos e necessidades". Ao telespectador cabe se descobrir dentro dessa malha de projeções e introjeções, na maioria das vezes distanciadas de sua identidade e deslocadas do seu espaço/tempo social.

O consumo dos discursos midiáticos altera as formas de exercício da cidadania, passando as demandas sociais a derivar dos discursos midiáticos e a eles subordinar-se. Cada vez mais, nos afastamos da época em que as identidades eram definidas por processos presenciais de interação, pois o superdimensionamento do consumo dos discursos mediatizados transformou a mídia  em instância definidora da capacidade do sujeito em tomar consciência da realidade.

A busca por uma análise crítica aprofundada tem o objetivo de possibilitar ao leitor compreender os mecanismos de reprodução ideológica e os processos de produção de sentido (semiose) derivados dos contratos de leitura utilizados, a saber, *"o conjunto de regras e de instruções constituídas pelo campo da emissão para serem seguidas pelo campo da recepção, condição com que ele se insere no sistema interativo proposto e pelo qual ele é reconhecido e, conseqüentemente, se reconhece como tal* (FAUSTO NETO, 1995:64)".

Contratos esses formulados a partir do pólo de emissão (indústria da cultura) e mobilizados na fabricação dos produtos midiáticos, capazes de influir na deflagração de sentido durante a recepção. Partindo da premissa de que os produtos da cultura de massa obedecem à lógica social hegemônica, trabalhamos com a hipótese de que o produto telenovela é uma estrutura comunicativa integrante do sistema simbólico (superestrutura) da sociedade, que regula o comportamento social, sendo utilizada para reproduzir discursos ideologicamente comprometidos com o *status quo*, influindo e dando relevo a determinados padrões de funcionamento do sistema social.

Os enredos das telenovelas transformaram-se não apenas em lugar de apresentação e exposição de sonhos, desejos e fantasias, mas também em um lugar onde o sujeito social vai buscar subsídios para satisfazer suas carências simbólicas e sublimar algumas de suas necessidades materiais. As sugestões contidas nos enredos são capazes de orientar as relações e o desempenho dos papéis sociais. As telenovelas transformaram-se em um lugar de descarga emocional (catarse), com a ilusória realização dos desejos que as condições de vida dos telespectadores, muitas vezes, não lhes permitem.

Ao pretender deslocar simbolicamente o telespectador do seu contexto sócio-cultural,   para que ele absorva novos sentidos e adote outras práticas e comportamentos, a telenovela instaura algumas relações simbólicas que têm como principal objetivo a despolitização dos discursos socialmente conflituosos.

Embora a produção de sentido seja articulada a partir de múltiplos ambientes, pois os diversos campos sociais, através de suas variadas instituições, influem e ancoram as leituras realizadas pelos telespectadores, pois nas telenovelas, a técnica e a linguagem são utilizadas de forma a permitir a reconstituição do sentido pretendido pela emissão. A partir dessa premissa, pressupõe-se que existem dois processos básicos de interação do telespectador com o enredo das telenovelas: o primeiro, de cunho impressionista (de fora para dentro), denomina-se de introjeção. E o segundo, de cunho expressionista (de dentro para fora), denomina-se de projeção.

No primeiro caso (introjeção), o telespectador permite que o discurso disponibilizado conduza sua percepção, acatando os sentidos sugeridos pela mídia, transportando para seu sistema simbólico as significações sugeridas, adotando e reproduzindo esses discursos em seu ambiente social. No segundo (projeção), o telespectador, ao dialogar com os discursos ofertados, impõe suas opiniões, convicções e emoções, limitando o sentido, restringindo a significação e rejeitando as referencialidades propostas pela mensagem em exposição. Convém lembrar que ao longo do contato com os discursos midiáticos, esses dois processos psicológicos se alternam na mente do telespectador, ora preponderando um, ora outro.

Na tarefa de identificar a telenovela como instrumento de apresentação, atualização e antecipação dos discursos sociais e de construção da realidade social, o caminho metodológico trilhado é orientado a partir da revisão bibliográfica da literatura sobre a teoria estética da recepção, buscando singularidades que possam auxiliar a apreender as diferentes nuances do objeto em análise, permitindo construir um arcabouço teórico/conceitual capaz de ser consorciado e/ou contraposto ao processo de enunciação/recepção das telenovelas.

Combinado conceitos pertencentes ao campo da psicanálise e da psicologia social, como identificação, projeção, introjeção, ressignificação e memória, buscando fundamentar um estatuto próprio desse gênero, que permita uma análise detalhada, onde a sintaxe utilizada para efetivar o discurso possa ser, em alguma proporção, revelada e explicitada.

O uso do instrumental teórico da psicologia e da psicanálise se justifica pela eficácia conceitual e metodológica que elas oferecem como dispositivo de análise das produções sociais e culturais, além da contribuição para o entendimento e compreensão dos comportamentos individuais e coletivos, possibilitando desvelar as articulações implícitasrealizadas entre os discursos que permeiam o tecido social, os enquadramentos das matrizes simbólicas atualizadas pelos enredos e a adoção e/ou rejeição pelos atores sociais  dos discursos e das práticas sugeridas.

Basicamente, aqui, busca-se responder as seguintes perguntas: como o telespectador estrutura e organiza o material simbólico disponibilizado para ele, através dos enredos das telenovelas? Ao ter contato com os discursos ofertados pelas telenovelas, quais as atitudes do telespectador para processar o material significante disponibilizado?

Para chegar a bom termo, torna-se indispensável saber que o percurso de captação, tratamento e transmissão dos discursos pela mídia passa a subordinar-se a novas gramáticas definidas e reguladas, no campo de enunciação, por estratégias e protocolos que visam enquadrar e controlar a produção de sentido no campo da recepção, gerando uma manipulação dos canais imagéticos, visual e sonoro, que garantem o enquadramento e aprevisibilidade da leitura dos discursos e sentidos disponibilizados para consumo.

O termo protocolo, aqui, deve ser entendido como *"o conjunto de regras, procedimentos e táticas semânticas, aceitas de comum acordo entre emissores e receptores, necessários para definir o processo de intercâmbio dos discursos, informações e sentidos"*.

Isso tem permitido uma considerável interação entre os sistemas simbólicos e os sistemas sociais, onde o campo da mídia passa a controlar e uniformizar os discursos que permeiam e transitam nos diversos campos sociais (*), transformando-se em instância formuladora de regras e dispositivo de padronização do comportamento social.

Na tentativa de atingir os objetivos aqui propostos, nos capítulos que se seguem, o leitor terá a oportunidade de refletir sobre as condições de interação entre os campos de produção e recepção das telenovelas, buscando identificar e descrever alguns dispositivos ativados pela produção para concretizar a significação junto aos telespectadores, mostrando como o gênero ficcional telenovela aciona o sistema simbólico socialmente hegemônico para construir seus discursos e efetivar os sentidos pretendidos.

(*) **NOTA:** *O conceito de campo social formulado pela sociologia contemporânea pode ser definido como "uma estrutura dotada de saberes, competências, estratégias e rituais cujas metas são, por um lado, acenar para a sociedade e, por outro, construir essa própria sociedade, segundo determinadas práticas, valores e estilos com funções voltadas para reconhecer e legitimar e, também, ser reconhecido e legitimado no contexto social. Todo campo social, em busca de autonomia, legitimidade e reconhecimento, engendra um processo de depuração orientado por aquilo que o define e o distingue de outros campos"* (BOURDIEU, Pierre. ***O poder simbólico.*** Editora Bertrand Brasil, Rio de Janeiro, 1989. *Capítulo II*).

## 2 – As telenovelas e a mídia

A indústria da cultura, ao fazer uso das tecnologias audiovisuais de ponta para obter um produto massivo de alto padrão técnico e estético, nos moldes das telenovelas, com regras próprias de produção e recepção, que rotineiramente passam despercebidas pelos que consomem esse gênero televisivo, busca exercer um papel decisivo no processo social.

As estratégias de produção e exibição desse produto visam manter com eficácia o mercado das telenovelas, pois isso garante níveis elevados de audiência e retorno financeiro para as emissoras, além de influir no controle social, através do enquadramento dos discursos dos grupos sociais, hegemônicos e/ou marginalizados.

Dar conta dos   e dos processos de produção e elaboração das telenovelas - buscando desvelar as interrelações que se realizam entre o sistema simbólico e o sistema social, que são reproduzidos, legitimados e mobilizados para produzir significação - é uma tarefa que se apresenta oportuna e necessária, já que as telenovelas, atualmente, são um dos mais destacados instrumentos de entretenimento em nossa sociedade.

A busca pela interpretação e compreensão do processo de produção de sentido e dos dispositivos articulados na montagem das telenovelas justifica-se, ainda, no fato de ser a consciência social, na contemporaneidade, cada vez mais, construída a partir tempo de exposição dos atores sociais às mensagens disponibilizadas pela mídia (BAUDRILLARD, 1993).

É notória a vocação das telenovelas para reproduzir e determinar valores estéticos, éticos, sociais, políticos e culturais, utilizando para isso uma receita que mistura e leva ao limite do possível a relação entre ficção e realidade, que termina por transformar suas suposições e modelos em "verdades". Portanto, ao aperfeiçoar a relação entre o real e a fantasia, as telenovelas influenciam o gosto e a vontade popular.

Situando nosso estudo no atual contexto das pesquisas sobre comunicação, partimos da compreensão que a dicotomia entre realidade e representação perdeu seu vigor e legitimidade, cedendo espaço para o conceito de simulação, onde a mídia passa a ser o lugar de apresentação e constituição do real. Assim, a percepção da realidade social se processa a partir dos discursos midiatizados que, para além de simples reflexos ou espelho da realidade, passam a ser o lugar próprio de construção da realidade, servindo de orientação para as práticas sociais, individuais e coletivas.

A superação da tradicional dicotomia conceitual entre realidade e representação provocou, grosso modo, a consciência do imbricamento absoluto entre natureza e cultura, transformando o homem contemporâneo em *'homo simbolicus'* por excelência. A ruptura dos processos de construção discursiva, próprios da atualidade, passa pelo deslocamento do lugar de produção, circulação e constituição do sentido, haja vista que as novas formas de constituição do real estão subordinadas aos discursos midiáticos, que não são mais apenas representações do mundo, mas sua própria apresentação, lugar semiótico onde a realidade toma forma e se concretiza.

Entre o sujeito e os discursos sociais criou-se um novo espaço de interação, onde os sentidos em circulação fazem emergir a significação, agora derivada de uma *"pluralidade de lugares com funções mediadoras que escapam ao controle dos campos que tradicionalmente as apropriavam, nomeadamente dos campos religioso, político e econômico* (RODRIGUES, 1996:33)".

O deslocamento do eixo discursivo da representação para a pura apresentação do real faz do campo da mídia um espaço privilegiado e autônomo, que tem o poder de engendrar a significação e romper com a tradicional visão de que as mensagens midiáticas devem assemelhar-se e/ou reproduzir alguma realidade externa a ela mesma. Realidade essa que a mídia, aparentemente, deveria apenas disponibilizar.

Mas, verdadeiramente, *"essa* [nova] *'semiose' é constituída tanto pelos discursos em circulação como pela própria estrutura técnico-tecnológica que, em si, reproduz uma determinada visão de mundo e uma certa atitude ética-estética diante do semelhante, do diferente e do próximo* (HIJJI, 2000:04)".

O condicionamento epistemológico gerado pelo tradicional modelo da representação sempre provocou a expectativa de uma verdade exterior à mídia, pois, de alguma forma, era necessário, primeiro, olhar para a realidade e, em seguida, descobrir o que a mensagem veiculada representava em relação a essa mesma realidade. Ou seja, as representações midiáticas deveriam trazer em si, se pretendiam ser aceitas, acreditadas ou possuir categorias de verdade, elementos que reproduzissem a "realidade" a qual se referiam.

As novas possibilidades criadas pelas mediatizações tecnologizadas transformaram a pós-modernidade numa corrida em busca do simulacro perfeito. A simulação deixa de ser uma simples representação do mundo real, passando a ser, ela própria, a forma cabal de manifestação da realidade, pois a cristalização do sentido social dos discursos passa a não se concretizar fora da mídia, criando o seguinte trocadilho lingüístico: sendo real está na mídia; estando na mídia é real. A mídia não é mais o lugar de reprodução (cópia), mas de produção (apresentação) do real.

Na atualidade, a mídia é o lugar que dá animação e movimento à realidade social, *"o que, em definitivo, significa que a razão não reside nas coisas, mas sim na autoridade do olhar que as mede e a instância discursiva que as enuncia* (HAJJI, 2000:03)". Comolugar potencial de circulação e efetivação do sentido, a mídia legitima-se como dispositivo instaurador da semiose, através da formulação e atribuição de sentido, que desencadeia a significação.

Para além das teorias conspiratórias, que privilegiam visões dogmáticas, que reduzem os produtos midiáticos, e em particular as telenovelas, a um dispositivo de transmissão da ideologia dominante, nosso maior objetivo é identificar, descrever, analisar, interpretar e compreender o *modus operandis em* que se estabelece o processo de produção de sentido, a partir dos protocolos impostos pelo pólo de produção e o uso que o telespectador faz do material disponibilizado no enredo, ressignificando, reorganizando e reestruturando seu contato com o texto audiovisual em oferta (áudio e vídeo), considerando as particularidades dos seus modos de ver, sentir e agir em sociedade.

Nessa ação de atribuição de sentido estão presentes distorções - processo pelo qual o telespectador, de alguma forma ou por algum motivo, absorvem a mensagem de forma não prevista pela enunciação, pois identificam intenções conflitantes com suas estratégias, competências, valores, crenças, emoções, sentimentos e comportamentos, devido à presença de ruídos, omissões, lacunas e elipses, que escapam aos enquadramentos e às pretensões da emissão.

Ocorrem também generalizações - processo pelo qual o telespectador faz uso de uma experiência específica para representar todo um conjunto de novas experiências. Outra possibilidade é a incongruência - processo pelo qual o telespectador identifica conflitos de sentido no enredo, que causam assimetrias com seus valores, crenças e/ou opiniões. E a interiorização - processo pelo qual o telespectador se volta para dentro de si mesmo, concentrando-se e tendo como determinante do sentido seus próprios pensamentos, sentimentos, emoções e opiniões.

A mídia, como campo de controle social, está a serviço da regra, da norma e da ordem vigente, integrando-se perfeitamente aos modelos social, político e econômico hegemônico. Assim, a mídia transformou-se (não devido a sua própria natureza, mas como conseqüência do *modus operandis* adotado por aqueles que a controlam) em espaço e instrumento de domesticação e modelização social, reprimindo, sufocando ou recalcando qualquer forma de discurso ou mobilização social que não estejam previstos pela racionalidade do sistema produtivo.

Essa lógica de mercado está embutida no próprio Código de Ética da Radiodifusão Brasileira, que se auto-regulamenta e no seu artigo terceiro prevê que: *"Somente o regime da livre iniciativa e concorrência, sustentada pela publicidade comercial, pode fornecer as condições de liberdade e independência necessárias ao florescimento dos órgãos de opinião e, conseqüentemente, da radiodifusão* (SANTOS, 1993: 318)".

É necessário está atento ao processo de hibridização entre homem/natureza/cultura e tecnologias da comunicação e da informação, para que se possa romper de forma radical com a tradicional visão da mídia como dispositivo de duplicação da realidade, pois a relação máquina/pensamento, agora, serve para projetar o inconsciente, explicitá-lo e torná-lo consciente, não apenas permitindo a apropriação da realidade social, mas passando a ser, ela mesma (a mídia), o lugar de materialização do imaginário e construção da realidade. Já não há uma realidade externa à mídia que necessita ser interpretada ou projetada.

A própria atividade midiática, ao produzir discursos, sentidos e informação, por si só, torna-se um ato de construção da realidade. A convergência tecnológica na área da comunicação e da informação reduz tudo a eficiência no processo discursivo-imagético, visual e sonoro, que detona e potencializa os processos de normatização e modelização da percepção, da linguagem, do desejo e do consumo, pois a mídia apresenta-se como instância de agenciamento e agendamento social, passando a ser a matriz semiótica que dá inteligibilidade e significação às demandas sociais.

A nova ordem simbólica, que coloca o consumo dos produtos da mídia como lugar hegemônico de construção das identidades e dos discursos, fonte da consciência social e cristalização do real, promove a rearticulação dos campos sociais, originando novas relações de produção e consumo, nas esferas sociais, em sua dimensão cultural, religiosa, política e econômica.

Na atribuição de sentido, as interações presenciais entre os sujeitos perdem espaço e, em boa medida, são substituídas pela interatividade entre discursos mediatizados, pois *"ao contacto direto e imediato substitui-se à circulação mediatizada, à distância, programada de acordo com as capacidades tecnológicas do próprio médium* (RODRIGUES, 1996:24)" e a capacidade crítica do telespectador.

Nesse ambiente midiático, não é a dimensão pragmática (valor de uso) que determina a vida dos objetos no seio da vida social, mas seu valor simbólico. Nesse sentido, as telenovelas se enquadram perfeitamente nesse paradigma consumista global, donde deriva sua função de definição de padrões e valores e de atribuição de prestígio social. Para Maria Immacolata:

> *"Investigar a telenovela exige pensar tanto o espaço de produção como o tempo de consumo, ambos articulados pela cotidianidade (usos/consumo/práticas) e*

*pela especificidade dos dispositivos
tecnológicos e discursivos (gêneros) do
meio televisão, pois a mediação no
processo de recepção de telenovela
deve ser entendida    como processo
estruturante que configura e
reconfigura tanto a interação dos
membros da audiência com os meios
como a criação por parte deles do
sentido dessa interação* (LOPES,
2000:126) ".

As telenovelas enquadram-se no que podemos
chamar de discursos funcionais que pretendem e têm o
compromisso de sugerir e/ou confirmar determinadas
práticas sociais significantes, pois mesmo que
aparentemente se apresentem destituídas de intenções
ideológicas, suas estratégias e táticas enunciadoras
apresentam-se como instrumentos de distinção e
diferenciação das práticas e categorias sociais.

Faz-se necessário compreender porque os discursos contidos nas telenovelas trazem em si a intenção de efetivar determinadas significações para reproduzir a lógica e a dinâmica da estratificação social, e perceber que o lugar da audiência é neutralizado pela busca da indiferenciação dos múltiplos lugares de enunciação.

As regras de consumo são incorporadas e naturalizadas nas telenovelas, onde são utilizados dispositivos de distinção e desempenho social, fazendo com que cada receptor coloque-se em seu devido lugar social, *"isso porque a prática das massas nunca teve imediatamente nenhuma relação (talvez nunca tenha) com as necessidades. Elas fizeram do consumo uma dimensão de status e de prestígio, de promessa inútil ou de simulação, que de qualquer maneira excederia o valor de uso* (BAUDRILLARD, 1985:39)".

A idéia de que os discursos contidos nos enredos das telenovelas trafegam pelas diversas classes sociais e falam para todos os sujeitos de forma igual é falsa, pois ao tratar igualmente diferentes atores sociais, o enredo recoloca e mantém cada telespectador em seu devido lugar social. Podemos dizer que a telenovela *"é uma das instituições que melhor restitui e funda, sob a aparência de as abolir, a desigualdade cultural e a discriminação social.*

*Pretende ser uma espécie de segunda natureza, para além da lógica social. Mas, na realidade, ela é inteiramente regida pela estratégia social de classe* (BAUDRILLARD, 1972:35)". A reflexão sobre a recepção midiática busca compreender e interpretar as práticas sociais e os usos cotidianos realizados pelos telespectadores, a partir dos discursos gerados no campo da mídia, pois as práticas transformadoras dos materiais simbólicos disponibilizados para consumo revelam o papel ativo que os telespectadores desempenham no processo midiático.

Às vezes, o público das telenovelas faz um uso diferenciado dos discursos ofertados e dos sentidos construídos pela produção. As telenovelas, como matrizes simbólicas que orientam a percepção do mundo social, com seus dispositivos de enquadramento e estruturação dos discursos e sentidos cotidianos, têm o objetivo de guiar os telespectadores para absorver conteúdos conforme esquemas pré-definidos.

Do ponto de vista das matrizes políticas, econômicas, históricas e culturais, o consumo das telenovelas se realiza em um espaço-tempo social cada vez mais homogêneo, dado à autonomia da representação, anteriormente referida, em suas novas formas de simulação e construção do real.

As respostas dos telespectadores aos acenos do enredo, através das falas e comportamentos das personagens, são feitos, em boa dose, de forma inconsciente e irrefletida, pois está automatizada pelo condicionamento à rotina de veiculação do gênero, que em boa medida cauterizou a percepção dos telespectadores, pois as telenovelas privilegiam a (re) ativação de uma memória social que não está à altura ou, ao menos, não se aproxima da riqueza sócio-cultural da sociedade.

A amnésia social, provocada pela parcialidade com que as telenovelas, de forma recorrente, tratam determinados conflitos sociais, faz com que alguns discursos que permeiam o tecido social, se confrontados com os enredos, apareçam como desprovidos de sentido, despropositados, agressivos e grosseiros em relação ao padrão de funcionamento da sociedade. Entre as questões conflituosas relegadas está a reforma agrária e o movimento dos sem-terra, miséria, exclusão social, violência urbana, entre outros.

Durante a ação de recepção, leitura do enredo e atribuição de sentido, os telespectadores, ilusoriamente, imagina-se livres das manipulações e manobras semânticas, não se percebendo como reféns da emissão, pois em seu agir, desconhecem que são vítimas de sutis articulações de discursos.

Quando o telespectador não compreende qual a abordagem que está sendo dada a determinado tema ou qual o sentido pretendido pela produção para determinada mensagem, acredita que essa incapacidade de compreensão é devido a sua própria ignorância ou incompetência de interpretação. Não percebe que esse estranhamento decorre exatamente da tentativa da enunciação em direcionar os discursos para gramáticas específicas que controlam, engessam e reduzem as possibilidades de leitura do tema em evidência.

A telenovela, como gênero que se recusa a proceder a uma leitura crítica ao *modus operandis* da sociedade, no que se refere a sua forma hegemônica de funcionamento, afirmou-se como subproduto cultural que reproduz a opressão social. Para compreender, do ponto de vista crítico, qual o papel que as telenovelas exercem no ambiente social, político e cultural brasileiro, há que se usar para análise uma lógica que não seja aquela utilizada para sua produção.

As vivências/experiências proporcionadas pelas telenovelas, com sua carga sentimental e emotiva, mobilizam sensações que obstruem a percepção das matrizes simbólicas articuladas e ativadas pela trama ficcional para guiar os telespectadores, aliciando desejos e impulsos para que estes absorvam eficazmente os sentidos propostos.

Discursos que, aparentemente apresentam-se despretensiosos e ingênuos, é o ambiente onde ficção, indivíduo e sociedade se fundem num processo contínuo de introjeções e projeções, onde a imaginação do telespectador é atraída para ambientes semânticos que escapam ao controle da sua consciência.

O novo ambiente técnico-midiático redimensiona as instâncias produtoras de sentido e refaça as regras de produção e recepção dos discursos. Isso tem ocasionado mudanças nos modelos e nas práticas linguageiras da mídia, possibilitando eficientes mecanismos de efetivação dos discursos pretendidos, fazendo emergir, como no sonho, processos de deslocamentos, condensações e fragmentações do real (metáforas e metonímias), alterando e relativizando as noções do espaço/tempo social, onde facilmente se pode passar do presente para o passado, do passado para o futuro e, do futuro, retornar ao presente ou ao passado, com total sentimento de realidade.

A experiência subjetiva já não mede o tempo real em termos de distância ou duração física, mas como a quantidade de informação a ser acessada, produzida, transmitida, absorvida ou armazenada. Isso tem causado *"o progressivo escamoteamento da dimensão espacial pela temporal e a definitiva reversão de nossos rastros existenciais dos subjetivismos locais para uma abstração relacional a-espacial* (HAJJI, 2000:07)".

A compreensão do papel que as telenovelas desempenham na imaginação e no comportamento dos telespectadores se reveste de um valor social inestimável, pois possibilita, inclusive, que se façam indicações de mudanças no processo de produção desse gênero televisivo, com o objetivo de canalizá-lo para fins socialmente mais nobres.

# 3 – Produtores e consumidores

Os produtores das telenovelas impõem aos telespectadores um padrão estético, uma semântica e uma sintaxe (verbal, visual e sonora) que, de forma alguma, podem ser consideradas neutras, pois as mensagens disponibilizadas para a audiência sempre remetem para situações do cotidiano social, legitimando-as, reproduzindo-as ou negando-as. A fascinação causada pelo alto padrão técnico e estético das telenovelas dificulta o necessário distanciamento do telespectador, dificultando uma possível postura crítica em relação ao conteúdo dos enredos.

Podemos, de imediato, identificar duas funções básicas desempenhadas pelas telenovelas no contexto social: a primeira, de entretenimento, diz respeito à necessidade dos atores sociais em gastar o tempo socialmente disponíveis para a  ociosidade, com seus desdobramentos lúdico e diversional, com o objetivo prático-utilitário de preencher as horas livres destinadas ao lazer da classe média e, cada vez mais, das camadas que ocupam a base da pirâmide social, pois as telenovelas, como produto de entretenimento coletivo, estão arraigadas em nossa sociedade como uma das principais opções de ócio e lazer.

Enquanto lazer passivo, podemos até afirmar que os enredos das telenovelas assemelham-se a um desfile carnavalesco onde os excessos (de sentido) são permitidos e esperados. Entretanto, tanto nos desfiles quanto nos enredos das telenovelas, quem controla a evolução do enredo é a produção e não os telespectadores, que são convidados a participar de um "espetáculo" já montado.

Inclusive, os horários de veiculação das telenovelas, para boa parcela da população, serve para orientar e ordenar o uso do tempo e a distribuição das tarefas ao longo do dia, misturando-se à rotina diária dos telespectadores, em meio às atividades familiares, religiosas, escolares, sociais e culturais, pois *"a diacronia da divisão social do tempo pode converter-se em legitimação dos ritmos do medium e do imaginário, nomeadamente nos discursos narrativos (confira as telenovelas, os filmes), pode converter-se em racionalização do ritmo do medium e da divisão social do tempo* (RODRIGUES, 1996:21)".

A outra função social das telenovelas, que podemos denominar de simbólica, é se apresentar como mecanismo ilusório de inserção social, pelo sentimento de pertencimento que gera nos diversos grupos sociais, através do consumo simbólico que proporciona. Essa segunda função tem como principal objetivo conservar os valores sociais e culturais hegemônicos, reproduzindo padrões e modelos de comportamento que fazem a ancoragem das experiências socialmente acumuladas e servem para ativar ou desativar conteúdos da memória.

A função simbólica refere-se essencialmente à transmissão de informações sobre a organização social e os conflitos derivados das interrelações entre os sujeitos e os grupos sociais, negociando antecipadamente potenciais conflitos sociais. As telenovelas cumprem o papel de filtro social, pois dos discursos nelas expressos, exige-se que sejam enquadrados através de uma sintaxe adequada, com protocolos convenientes ao lugar social que o veículo ocupa e representa.

A realimentação da trama é realizada através da monitoração dos reenvios feitos pelo público, captados através da medição dos índices de audiência, que revelam os níveis de aceitação do enredo ou a necessidade de sua reformulação, com novos enquadramentos simbólicos de comportamento ou opinião. Esses ajustes simbólicos levam à adesão do público e à garantia de elevados índices de audiência.

As telenovelas têm garantido um êxito que as "legitimam" como um produto que influencia a esfera social, pois *"é nesse contexto que os fatos narrados se convertem em puro pretexto dissimulador, estratégia sedutora de veros-semelhança* [semelhança com a verdade]*"* (RODRIGUES, 1996:25), com força suficiente para influir o real.

Isso transforma as telenovelas em uma linha de montagem de modelos imaginários que visam ser reproduzidos na vida social, através de uma estratégia discursiva de neutralização das diferenças sociais, criando a sobrevalorização dos discursos dos quais se apropriam e os apresenta como uma fala que, ao mesmo tempo, é de todos e de ninguém.

*Isso "se traduz na camuflagem do sujeito da enunciação* [fonte e emissor]*, criando uma autêntica mais-valia simbólica de credibilidade do enunciado, pela anulação do lugar de onde se fala, universalizando e naturalizando aquilo que diz* (RODRIGUES, 1996:26)".

Tacitamente, nos enredos das telenovelas, elementos da realidade são transportados para o plano da ficção, no qual se manipula o sentido, para dar conta ou solucionar as contradições e conflitos que resultam dos diferentes interesses de classe, pois *"para apropriar a ideologia do texto* [do enredo]*, é necessário que o leitor* [telespectador] *seja transformado de um indivíduo real num sujeito ideológico. Isto é conseguido através da identificação* (BURNISTON, 1970:264)".

As pesquisas qualitativas feitas por equipes especializadas identificam as preferências e tendências do público, que responde ao enredo em dois níveis: primeiro, garantindo a manutenção da audiência e, segundo, acenando positivamente para os padrões e modelos sociais sugeridos. É notório que as telenovelas abdicam de utilizar uma estética crítica e opta por nivelar por baixo o padrão cultural da audiência, que se contenta com um divertimento fácil e imediato, que banaliza as emoções e os sentimentos primários de medo, prazer, dor, sofrimento, paixão etc.

A ficção contida no enredo capta da realidade significativos elementos simbólicos para criar uma realidade imaginária, onde o controle da fantasia processa-se na escolha e na organização dos discursos, explorando aproximações com os modos de ver, de sentir e de agir dos telespectadores, já devidamente identificados e monitorados por pesquisas de opinião. Para Daniel Filho, produtor, diretor e ator das telenovelas da Rede Globo e um dos maiores conhecedores dos bastidores do melodrama no Brasil:

*"A pesquisa de audiência é um instrumento utilizado para definir estratégia de programação e avaliar os programas de cada emissora. É com base na pesquisa de audiência que agências anunciantes destinam verbas publicitárias ao veículo*

*televisão. As pesquisas qualitativas são resultado de entrevistas diretas com os espectadores, por amostragem, para conhecer suas opiniões e seus desejos em relação ao produto exibido ou a qualquer performance que queira ser medida. Na elaboração da programação e, em especial, de cada programa, é preciso avaliar todas essas variáveis. Se uma novela, por exemplo, não interessa também aos homens, a audiência vai cair. Se as crianças são desprezadas, esse segmento fará falta na composição total da audiência* (FILHO, 2001:346)".

O conhecimento que o pólo emissor possui sobre a audiência, através das pesquisas de opinião, não é um fator desprezível no que se refere aos subsídios que ela oferece para elaboração e definição do conteúdo. Diz Daniel Filho sobre isso:

*"Se a gente vai fazer um programa para as 21h na Globo, o público alvo é: todo! Ou o máximo que se conseguir abocanhar. Se, por exemplo, sabemos que algo, um ator, um tipo de programa, não agrada a 20% do público, temos que deixar os 20% de lado. Temos que nos concentrar nos 80% e deixar de fazer o programa para aqueles 20%. Sabemos quase tudo sobre esse público. E temos de procurar puxar toda a família de dentro de casa para dentro da televisão. Por isso, ficamos eternamente a fazer novelas. É a melhor forma que conhecemos, no*

*Brasil, de conglomerar o maior número de pessoas possível, conseguindo chegar a todos os níveis possíveis. Isso porque às vezes a novela atinge tão fortemente a dona-de-casa, ou um determinado público, que os outros são arrastados para assistir, como se fosse para fazer companhia* (FILHO, 2001:345)".

A telenovela, como um produto que pretende criar expectativas, controlando o desejo, que deve pautar-se por certo conformismo em relação à estrutura e ao modo de funcionamento da sociedade, estimula o telespectador no sentido dele conformar-se com aquilo que a sociedade tem a oferecê-lo. É assim que a telenovela adquire um papel estratégico, devido a sua função relativizadora e neutralizadora, aparentemente supressiva das diferenças socialmente determinadas.

Como espaço de significação e processo de articulação de sentido, as telenovelas são, por excelência, o lugar do antidiscurso, pois toda possível carga de resistência que qualquer discurso social traga em si deve ser abrandada e fragilizada ao manifestar-se nesse gênero. Para isso, são filtradas as contradições e os conflitos simbólicos capazes de se transformar (ou com potencialidade de se transformar) em formas eficazes de resistência ou de adquirir uma expressividade política que não possam ser controlados e sejam capazes de impor novos padrões de comportamento à opinião pública.

A concepção de um telespectador médio para as telenovelas permite que esse produto seja consumido em diferentes segmentos sociais, de cultura e renda heterogêneas, potencializando seus efeitos de sentido, pois provoca uma aparente homogeneização do espaço/tempo social, onde o processo de auto-referencialidade, materializado no conteúdo, obedece a regras de harmonia, encadeamento e ritmo dramático, atendendo a uma lógica que se interpõe na relação entre o enredo e a audiência, condicionando e subordinando as intencionalidades discursivas ao conhecimento que o emissor tem da sensibilidade e experiência social dos telespectadores, impondo ao processo de significação uma base de sustentação com relativa autonomia de sentido, que eficientiza as potencialidades dramáticas do gênero.

No limite, o padrão técnico e estético é o dispositivo utilizado para dar eficácia ao enredo, pois quanto mais elaborado for o produto, maior a possibilidade de seduzir o receptor, pois esse desconhece boa parte das manobras que são realizadas para capturá-lo, como diz Daniel Filho:

> *"O telespectador não costuma ter noção do tamanho da equipe envolvida na feitura de um programa*

*de televisão. Para ele não há diretor, produtor, ninguém vestiu os atores, é como se a equipe parasse e dissesse 'vamos gravar aqui', como se ninguém escolhesse previamente a casa e a rua a serem filmadas. Mas nada está numa cena por acaso. Cada figurante, roupa, acessório, sapato, o tipo de maquiagem, o corte de cabelo – tudo aquilo foi discutido e aprofundado, com o comando central do diretor e vigilância do produtor* (FILHO, 2001:240)".

A lógica narrativa das telenovelas é construída através da repetição e combinação de conteúdos derivados da rotina da veiculação, onde a trama estimula a memória do telespectador para que sejam recuperadas algumas referências sociais. Essa redundância discursiva faz com que o nível de informação se aproxime de zero, dificultando a eclosão de novos significados e sentidos.

A estrutura semiótica das telenovelas subordina-se a uma racionalidade cuja base dialógica provém de padrões estabelecidos no mundo social. Entretanto, esses materiais simbólicos, retirados da superestrutura social, são reelaborados e sua função semiótica passa a estar comprometida com a dinâmica e valores culturais, políticos e econômicos que fazem funcionar a contemporânea sociedade do consumo. A simplificação da forma de apresentação dos conteúdos elimina a possibilidade do conflito simbólico.

Lentamente, a prolongada exposição a esses conteúdos vai impregnando os telespectadores com o padrão valorativo pretendido pela enunciação, que se nega a captar do social nuances e aspectos divergentes da ordem sócio-econômica hegemônica, promovendo uma leitura condicionada e reduzida das possibilidades de construção da realidade, provocando uma fácil e aparente resolução dos conflitos latentes.

Nas telenovelas, os dispositivos acionados para produzir sentido estão ancorados, basicamente, nos desejos dos telespectadores, pois o ato de desejar proporciona a busca pela afirmação da identidade. As telenovelas absorvem temas da atualidade, mas no momento em que os interpreta e os apresenta, enquadra-os em sua fórmula própria de interagir com a realidade social, adotando uma abordagem de superfície.

A pretensão de atualidade reforça a adesão dos telespectadores e os atrai para a exposição ao enredo. Portanto, controlar o conteúdo simbólico disponibilizado para os telespectadores é, em boa medida, controlar o processo de identificação e ativação do desejo, impedindo que novas sínteses sociais sejam processadas, elaboradas e concretizadas.

Ao recuperar fatos e eventos do cotidiano, e inseri-los nos enredos, os autores aproximam as telenovelas da realidade, dando um sabor de realismo ao folhetim eletrônico, passando esse gênero a ser instrumento de castração das potencialidades criativas e transformadoras contidas no imaginário popular.

Assim, graves problemas sociais diluem-se no refinamento estético das imagens visuais e na contextualização ilusória dos discursos, perdendo qualquer sentido de resistência e ruptura. Temas que são potencialmente capazes de despertar o senso crítico e podem criar identificações imprevisíveis nos telespectadores são banidos dos enredos.

Nas telenovelas jamais acontece algo totalmente inesperado ou imprevisível que seja capaz de surpreender o telespectador em proporção exagerada. Desde o primeiro capítulo, o telespectador é orientado e informado sobre o desenrolar da trama, pois mesmo que não detenha o conhecimento sobre o desfecho final, antecipada e gradativamente fica sabendo qual são as possíveis opções do autor para o desfecho da telenovela em exibição.

Essa preocupação em antecipar os rumos do enredo tem como objetivo primordial garantir que o telespectador faça as leituras e os enquadramentos "corretos" dos discursos, evitando o aparecimento de ruídos que provoquem o distanciamento do telespectador em relação aos sentidos propostos, impedindo que ele escape e/ou desista da adesão à continuidade da trama, já que a telenovela, como fenômeno de massa, tem no aprisionamento do telespectador seu motor de garantia de audiência.

Às vezes, os mecanismos para fisgar o público falham, como no exemplo citado por Daniel Filho, produtor da telenovela Suave Veneno:

> *"Não se pode deixar o telespectador especular muito. Em novela, a história tem que ser dada de bandeja.*

*Explicamos muito mais o personagem do José Wilker, o empresário Waldomiro, que o de Glória Pires, Ana. O próprio Agnaldo [Silva, autor da novela] caiu em si, descobrindo o erro no meio da novela. Se tivéssemos estudado mais o enredo, teríamos visto o problema. E poderíamos ter solucionado contando desde o início que ela tinha um irmão na cadeia, injustamente acusado de matar um homem. Teríamos mostrado a relação com o sobrinho que ela criava. O público ficaria a favor dela. Enfim, deixaríamos claro desde o início que ela seduziu o empresário para salvar o irmão. Portanto, como produtor, eu errei em não detectar suas deficiências (FILHO, 2001:176)".*

Para garantir a afinidade e a familiaridade do telespectador com o enredo, a telenovela conta com o apoio e colaboração de outros gêneros televisivos (telejornais, programas de auditório, revistas eletrônicas) e de outras mídias (jornais, revistas, rádio, sites), onde o objetivo é fazer com que o receptor acate as *"propostas para agir segundo determinadas formas de contrato. Por exemplo, é o caso da 'recepção regulada', cuja função é levá-lo, antecipadamente, não só a ler o objeto, mas, sobretudo, a como ler o objeto* (FAUSTO NETO, 1995:66)".

As telenovelas possuem coadjuvantes permanentes que a elas fazem referências para ancorar suas falas, agendando e auxiliando os telespectadores no consumo das telenovelas, contribuindo para a instituição dos vínculos identitários e societários pretendidos.

Cria-se uma interface semiótica entre as telenovelas e seus coadjuvantes midiáticos para , produção de sentido que passam a cooperar e reforçar os contratos de leitura, estimulando e reforçando as vinculações aos enunciados propostos. Entretanto, aqui, não nos aprofundaremos nesse tema, pois o objetivo não é proceder com um estudo de comunicação comparada. Pretendemos apenas indicar a existência da relação entre as telenovelas, outros gêneros e outros suportes midiáticos, que necessita ser melhor identificadas e investigadas.

Através de pesquisas qualitativas, quando a produção toma conhecimento dos desejos do telespectador, sob alguns aspectos, os espectadores passam a está presentes no enredo, mesmo antes da exposição da trama. O veículo diz ao telespectador que sabe e conhece sobre ele, fazendo-o navegar em seus próprios jogos imaginários através de regras pré-estabelecidas. Assim, o telespectador, sutilmente, já está embutido no enredo, através de referências culturais, sociais, familiares, éticas, políticas, econômicas, religiosas.

Portanto, a intenção primordial da produção é moldar e contaminar o enredo com referências próprias da audiência, passando a recepção do produto a ser uma construção discursiva nomeada e enquadrada pelos processos de classificação e delimitação midiáticas, recebendo o telespectador propostas e sugestões para agir segundo determinados modelos simbólicos e atuar no interior do discurso conforme regras previstas pela enunciação.

A produção propõe um lugar e um papel ao telespectador, que é interpelado pelo enredo a partir de seu próprio "capital simbólico", sendo estimulado a se reconhecer no interior da trama, estabelecendo uma relação de vinculação com característica de transferência psicanalítica, através da projeção de elos associativos entre seu imaginário e o enredo.

As telenovelas fazem a nomeação e a valoração dos papéis e lugares de prestígio, utilizando operadores de localização e de identificação social, conforme intenções de ver confirmado e/ou completado determinados sentidos. Quando da interpelação do telespectador, esse conhecimento sobre o perfil da audiência é incorporado ao gênero, onde as estratégias desviantes do campo de recepção são apropriadas e passa a fazer parte do produto, relativizando a autonomia dos telespectadores sobre os protocolos de leitura.

A idéia de público, ao qual se pretende efetivar a significação e realizar os efeitos de sentido, está presente em todas as fases de produção das telenovelas. Ao reagir aos discursos ofertados, caberia ao telespectador confirmar ou não as suposições que dele fez o pólo de produção.

O telespectador faz uso da empatia para construir outros saberes e outros sentidos sobre o enredo, visando interagir de forma diferente com os efeitos de sentido pretendidos pela produção, acionando mecanismos diferenciados para atribuir sentido, elaborando táticas próprias para efetuar a significação, aonde o deslocamento do sentido vai do telespectador imaginado pelo autor ao indivíduo real sentado em frente a sua TV e inscrito em um ambiente sócio-cultural específico de recepção, pois enquanto produtor de sentido, o sujeito estar condicionado por seus hábitos, gostos e padrões de consumo, tanto materiais quanto simbólicos.

O telespectador está permeado por outros discursos (religioso, político, científico, jurídico, etc) tendo que com eles interagir e negociar para produzir sentido quando da exposição à telenovela ou a qualquer outro gênero midiático.

É evidente que os telespectadores consomem os discursos em oferta conforme suas carências simbólicas e segundo a capacidade semiótica da mensagem em se aproximar das necessidades de identificação e satisfação de seus desejos, sublimando conteúdos que sugerem ações, sentimentos, emoções e pensamentos que estão para além do seu nível lógico de compreensão.

A dimensão técnica e a gramática estética subjacente ao conteúdo dialógico (oral) das telenovelas fazem com que a estrutura semântico-discursiva dos enredos impeça o telespectador de um distanciamento capaz de provocar soluções simbólicas diferentes daquelas propostas e sugeridas pela produção.

Uma grande parcela do público ignora as possibilidades de manipulação para empreender o processo de significação, através da mobilização de recursos técnicos, estéticos e da linguagem audiovisual, através do uso dos conceitos de plano, enquadramento, ângulos de filmagem, movimentos de câmera, iluminação, recursos de edição digital e computação gráfica, entre outros.

Essa sofisticação embota a capacidade crítica do telespectador para possíveis inferências, capazes de apreender a diversidade da significação proporcionada pelo suporte tecnológico e sua contaminação com outros meios, outras linguagens e outras artes.

A caracterização física e psicológica das personagens se articula com os objetivos dramáticos e as pretensões de aproximar o enredo do cotidiano, criando referências vinculadoras. As cenas são montadas atendendo a critérios de dramaticidade que privilegia a susceptibilidade de emoções e sentimentos que impressionam e resgatam a memória emocional do telespectador. Esses conteúdos sedimentados na memória podem facilmente ser recuperados para a construção de novas mensagens, novos discursos e novos sentidos, reproduzindo uma mesma linguagem estética.

As telenovelas voltam-se sobre si mesmo (auto-referência) e restituem para o *topos* social seu próprio processo lógico de construção da significação, realimentando a audiência e causando a impressão de respostas genuínas, onde a percepção, a sensibilidade e a emoção do telespectador já estão embotadas e condicionadas pela habitual semântica de construção do enredo, pois *"numa telenovela, o mesmo assunto é reiterado várias vezes quando é importante* (FILHO, 2001:102)". Resta perguntar: importante para quem e para quê?

O processo de construção da significação através da telenovela é um ato semiótico que condiciona sua recepção a partir da exposição do telespectador aos discursos de outros campos sociais, já que "*existem signos ou símbolos que os atores representam para o público e, dependendo do símbolo, o público antevê a história* [e o sentido pretendido] (FILHO, 2001:160)".

Os atores sociais mobilizam suas competências cognitivas com a pretensão de compreender e interpretar o material significante impregnado de sons, volumes, imagens, cores, tons, pulsações, intenções, elipses espaciais e temporais.

A maioria dos telespectadores reproduz e subordina a ativação do sentido e o enquadramento das mensagens à lógica simbólica proposta pelo enredo, embora os valores e os discursos de outros campos sociais pressionem e disputem a efetivação do sentido, pois durante o processo de consolidação da significação, o social, o psíquico e o emocional se confrontam, se contradizem ou se reafirmam com o objetivo de amoldar-se ou romper resistências, sedimentando as interações entre o desejo, a fantasia e o cotidiano social

# 4 – O agendamento dos telespectadores

As estratégias criadas para fisgar, capturar e aprisionar os telespectadores são fundamentadas em competências institucionalizadas pelo saber-fazer dos autores, produtores, diretores, atores e técnicos, todos mobilizados para criar um produto que, claramente, pretende influir no imaginário coletivo.

A telenovela, como dispositivo de regulagem social, busca controlar o imprevisível, o estranho e o ambíguo, através de sistemas de enquadramento, classificação, descrição e interpretação dos discursos sociais, contando, para isso, com um mecanismo eficiente de universalização da sua fala, através da ocultação da origem e do lugar social da fonte emissora dos discursos, pois fala de qualquer espaço do *topos* social para qualquer outro, não importando a esfera da pirâmide social que o telespectador ocupa.

Na busca pela atualização simbólica e pela renovação controlada do imaginário social, as telenovelas contam ainda com a contínua redefinição do fluxo narrativo, a partir da intencionalidade da produção em absorver as estratégias desviantes montadas pelos telespectadores, regularmente monitoradas e identificadas através de pesquisas de opinião.

A atualização do código de valores éticos, estéticos, culturais e sociais é realizada a partir das condições que interessam aos campos hegemônicos da sociedade, restando aos telespectadores interagir com os discursos apresentados através de um processo reativo, pois os espaços de percepções do texto televisivo (vídeo e áudio editados) estão totalmente contaminados através de agendamentos e agenciamentos discursivos, posto que, das mensagens disponibilizadas, sabem os telespectadores, implicitamente, que nelas nada é tão ficcional que não possa ser acreditado e, também, nada é tão real que não possa ser ficcionado ou fantasiado, restando ao sujeito receptor, quase sempre, jogar o papel que foi reservado para ele.

Ao levar ao limite a relação entre realidade e imaginário, onde o término da realidade e o início da ficção se fundem, a produção faz uso de sutilezas que impede o distanciamento necessário e dificultam o discernimento dos caminhos trilhados na construção da trama, apagando boa parte das pistas que indicam as interrelações discursivas adotadas, que representam interesses de segmentos e grupos sociais específicos, truncando e dificultando a leitura e a compreensão dos processos simbólicos e dos efeitos de sentido neles contidos.

Os cenários de apresentação social, construídos e ambientados nas telenovelas, obedecem a um conjunto de estratégias adequadas e convenientes à criação de vínculos identitários junto à audiência. Por isso, não se pode menosprezar o papel desempenhado pelas telenovelas no processo de modelização social, pois, devido ao tempo de exposição dos telespectadores a esse produto, torna-o um espaço privilegiado de cristalização e realização do imaginário social e sua atualização simbólica.

É evidente que o telespectador não trafega pelo enredo às escuras, pois para garantir que o receptor transite com o mínimo de conhecimento e competência no interior da trama, absorvendo satisfatoriamente os discursos engendrados, faz-se necessário que a enunciação explicite algumas regras que fundamentam os protocolos e os contratos de leitura articulados entre o enredo e o contexto social.

A sintaxe das telenovelas há muito está automatizada e visa, prioritariamente, conduzir o telespectador para o interior da cena, apontando para o percurso que ele deve fazer para chegar ao sentido desejado, fazendo-o trabalhar dentro do próprio sistema simbólico articulado para produção dos discursos, e interagem com o enredo através de elos associativos previsíveis:

> *"Como num jogo, ao receptor* [telespectador] *é oferecida a possibilidade de entrar na 'rede imaginária' pelo investimento dos seus mecanismos de projeção e de identificação com aquilo que se dá como 'objeto ofertado'. Porém, a condição de participar da rede será, sempre, mediante a regulação dos dispositivos técnico-discursivos que lhes ensejam ser colocados no interior desta malha. Rigorosamente, tanto sujeitos da emissão como recepção estão subordinados, nas características das posições que lhe são peculiares, ao 'outro' (Língua, Cultura, Saberes, Instituições, Imaginários, etc)* (FAUSTO NETO, 1995:65)".

*E mais:*

> *"Como os sujeitos não se tocam, e também como suas relações são mediatizadas pelas formas de linguagem, a única maneira de estimar possibilidades de interações entre os campos é pelo estabelecimento dos contratos de leitura no interior dos quais estão presentes as marcas dos lugares enunciadores, da especificidade do discurso em produção e em funcionamento e, também, dos outros saberes mobilizados como espécie de 'condição de produção' (FAUSTO NETO, 1995:65)".*

Interessa saber como as telenovelas, através de discursos antecipatórios, auxiliam os telespectadores no enquadramento e na leitura dos fatos sociais e terminam por influir na constituição de vínculos identitários. O texto telenovelesco (imagens, diálogos, tramas, ruídos, trilha sonora, etc), ao confrontar-se com a experiência vivida do telespectador, busca aliciar respostas que evidenciem a cristalização da significação conforme enquadramentos pensados pela produção.

As lacunas presentes nos diálogos, aparentemente triviais e tolos, são exatamente os mecanismos utilizados para controlar a imaginação dos telespectadores, que são convocados a preencher esses vazios semânticos. A esse respeito, podemos utilizar algumas referências da literatura denominada romance (o folhetim), do qual as telenovelas são sua versão eletrônica:

> *"O que falta nas cenas aparentemente triviais e os vazios nas articulações do diálogo serve para estimular o leitor* [telespectador] *a*

*preenchê-los projetivamente. Jogam
o leitor* [telespectador] *dentro dos
acontecimentos e o provocam a
tomar como pensado o que não foi
dito. Daí decorre um processo
dinâmico, pois o que foi dito ganha
contorno. Como o calado adquire
vida pela representação do leito*
[telespectador]*, o dito passa a
representar um fundo...* (ISER,
1979:90)".

Esse papel de pano de fundo do que foi dito e
explicitado no enredo passa a orientar o processo de
interpretação e atribuição de sentido realizado pelo
telespectador. E, continua Iser:

*"Desta maneira as cenas triviais
mostram-se como expressão de uma
surpreendente forma de vida. Esta*

*não é verbalmente manifestada no texto [na trama], é sim um produto derivado da interação entre texto [enredo] e leitor [telespectador]. O processo de comunicação assim se realiza não através de um código, mas sim através da dialética movida e regulada pelo que se mostra e se cala. O que se cala, impulsiona o ato de constituição, ao mesmo tempo em que este estímulo para a produtividade é controlado pelo que foi dito, que muda, de sua parte, quando se revela o que fora calado* (ISER, 1979:90)".

Portanto, se perguntarmos o que é calado e silenciado nos enredos das telenovelas, descobriremos porque qualquer projeto social, político ou cultural, para ser absorvido e/ou inserido nas telenovelas, de forma não caricatural, deve, primeiramente, abdicar de sua radicalidade e submeter-se à lógica e à racionalidade dos discursos socialmente hegemônicos.

Percebemos que o lugar de intercessão entre os discursos em oferta e as experiências dos telespectadores, potencialmente, apresenta-se como espaço de circulação de sentido, onde os discursos se confrontam, se reforçam ou se anulam. Em seus jogos discursivos, o enredo não faz acepção de pessoas, classes sociais ou temas pertinentes ao espaço-tempo social, desde que sejam enquadrados segundo as regras e protocolos sociais hegemônicos.

Devido à grande quantidade de estímulos, parte das informações que chegam até o telespectador, do ponto de vista simbólico, não é codificada satisfatoriamente, pois permanecem no campo da sensação e o sujeito não toma consciência delas, já que os conflitos e contradições que emanam do tecido social são expostos caricaturalmente, privilegiam determinadas práticas sociais, recompensando o telespectador por sua interação com a trama, através da projeção de seus desejos para, em seguida, realizar as aproximações de sentido para a consolidação dos efeitos simbólicos pretendidos. Tudo isso se processa no nível do pensamento e das emoções.

Embora não haja garantia de que os sentidos construídos pela enunciação serão aceitos passivamente, do ponto de vista midiático, uma comunicação eficiente é aquela que provoca as reações previstas e desejadas pelo pólo emissor, influindo diretamente na maneira de pensar e agir do telespectador, que pode resistir aos sentidos propostos, ressignificando-os, apesar da intenção do pólo de produção em determinar uma reação simétrica e congruente com os enquadramentos propostos.

A circularidade da comunicação midiática faz com que o público também influencie na através de jogos dramáticos e efeitos de linguagem, não havendo a intenção de explicitá-los e torná-los transparentes.

Isso complexifica ainda mais a interação entre o enredo e a audiência, pois o telespectador está o tempo todo trocando imagens sedutoras por sentidos que, quase sempre, não são tomados em sua devida profundidade. Esse consumo imagético é efetuado atendendo a determinados modelos, regras e sintaxes de interação entre os discursos, pois as regras de consumo não estão soltas. Estão estrategicamente montadas em cima de vazios, lacunas, táticas e pontos de indeterminações para serem preenchidos conforme carências simbólicas já monitoradas e identificadas pela produção.

Sendo o enredo uma armadilha para atrair e capturar os telespectadores, as estratégias de construção dos discursos induzem leituras preferenciais, pois antes de qualquer efeito, os usos e/ou satisfações que as telenovelas proporcionam produção dos discursos, pois quando da veiculação da mensagem não há um controle pleno dos efeitos a serem produzidos. A própria interação com as mensagens midiáticas (o ato em si de gastar tempo assistindo televisão) pode alterar, modificar, ampliar ou reduzir o uso dos filtros perceptivos, ativando ou desativando resistências.

Sempre restará à mensagem algum nível residual de sentido que não será absorvido conscientemente pelo sujeito, seja por estratégias montadas pelo pólo emissor, seja por ruídos contidos na construção da mensagem, por carências emocionais ou intelectuais do telespectador ou por implicações no uso da tecnologia, que mobiliza e atua sobre o cérebro de forma específica, fazendo com que algum nível do conteúdo da mensagem escape ao eu consciente.

Isso porque toda tecnologia de comunicação tem uma maneira e uma característica própria de atuar sobre os sentidos, organizar a percepção e estruturar as sensações, as emoções e o os pensamentos do usuário. O papel das telenovelas no processo de constituição das identidades sociais, cada vez mais, se intensifica, pois a forma tradicional de contato direto com a realidade é substituída por interações mediatizadas, privilegiando a "cultura das mídias", lugar por excelência de circulação de sentido e construção do real na contemporaneidade.

As telenovelas transformaram-se, essencialmente, em fontes de metamodelos que buscam fazer a ancoragem das experiências socialmente significativas, onde os telespectadores são convocados a preencher as lacunas estrategicamente deixadas pelos protocolos discursivos em uso, que estão intencionalmente repletos de generalidades semânticas (signos), assemelhando-se a um quadro sem moldura, que deverá ser construída pelo telespectador para encaixar o sentido proposto.

Os dois segmentos participantes do processo de comunicação midiática - o pólo de produção e o pólo de recepção - possuem uma autonomia relativa, pois o pólo de produção materializa suas intenções e objetivos no produto (obra acabada que se realiza como semiose no momento da veiculação), mas a efetivação das intenções da enunciação está subordinada às características da audiência, que submete o produto midiático aos seus filtros perceptivos.

A constituição da significação é negociada e cada um desses segmentos disputa a hegemonia do sentido, pois o telespectador está o tempo todo interagindo com o conteúdo do enredo a partir de seu ambiente sócio-cultural, com a possibilidade de criar resistência, a partir das aproximações com a experiência socialmente vivida do telespectador.

Nessa negociação, o telespectador utiliza duas maneiras de interação: de forma associada, olhando para a cena como se estivesse dentro dela, interagindo com as emoções, ações e reações das personagens, se sentindo parte integrante da trama, envolvendo-se de forma emocional, psicológica e cognitiva com ela; ou de forma dissociada, assistindo a trama de fora, como um observador passivo, guardando distância e esperando o desfecho dos acontecimentos para se posicionar.

Ao longo do tempo de exposição às duas formas se alternam no mesmo telespectador, conforme o enredo toca e ativa a sua memória e sensibilidade, evocando experiências, lembranças, emoções, desejos e fantasias. O processo de negociação de sentido se estabelece no conflito gerado pelo conteúdo da mensagem e as convicções do telespectador, que busca estabelecer o equilíbrio, a integração e a congruência simbólica.

Esse processo oscila em idas e vindas, onde os sentidos são confrontados, partilhados, aceitos ou recusados. O objetivo dessa negociação é a conciliação dos discursos e a superação dos conflitos emocionais e das dissonâncias cognitivas geradas.

Esse equilíbrio depende basicamente dos recursos que o telespectador possui para lidar com o aparato técnico-lingüístico manipulado e mobilizado pela produção para conquistar sua anuência, ora resistindo às orientações/imposições do enredo, ora cedendo e adotando-as em seu repertório semiótico. Nesse processo, o telespectador desloca os sentidos ofertados para diversos contextos, aceitando ou atribuindo significados diferentes daqueles apresentados.

Porém, as telenovelas, ao deslocar os signos de seus lugares sociais originais para contexto outros que interessam à produção, dificultam a compreensão e a localização histórico-social de sua ocorrência, fazendo com que os conflitos se diluam artificialmente, impossibilitando que demandas socialmente significativas se transformem em demandas sociais efetivas.

Embora as personagens da trama não sejam reais, as sensações, emoções, sentimentos, pensamentos e reações que elas provocam são sentidas como se assim fossem. Essa carga de sentidos e de emoções vai ser recuperada e resgatada pelo telespectador em suas futuras experiências, servindo de referência para suas práticas sociais, modelagem para seus estados emocionais e formação de suas opiniões.

O telespectador projeta-se no futuro se imaginando em situações semelhantes àquelas vivenciadas pelas personagens, reagindo em conformidade com os modelos propostos pelo enredo. Portanto, os efeitos de sentido previstos e pretendidos pela enunciação alcançarão seu ápice quando o telespectador reproduzir sua experiência imaginada em situações reais, transformando-a em experiência vivida.

Já em sua experiência imaginada, o telespectador ensaia suas ações futuras, criando uma expectativa estética, sentimental, emocional e de consumo, a partir dos modelos ofertados na trama.

Então, durante sua experiência vivida, ele aplica em suas ações referências advindas dos modelos pré-ofertados e armazenados em sua memória. Dessa forma, as telenovelas fazem a ancoragem dos processos mentais e emocionais do telespectador.

## 5 – A identificação e a criação de vínculos

Ao sair da frente de seu televisor, após assistir ao capítulo inédito de sua telenovela favorita, o telespectador estará impregnado com imagens e diálogos sedutores, criando uma expectativa quanto aos discursos verbais (oral ou escrito) e as imagens visuais com as quais, no futuro, por ventura, venha a entrar em contato.

Os signos visuais e sonoros presentes nas telenovelas trazem diluídos significados conceituais resgatados do sistema social que reproduzem valores cristalizados do cotidiano, pois a representação veiculada cria uma familiaridade que permite um fácil reconhecimento de valores éticos, estéticos, culturais e sociais institucionalizados pela rotina da veiculação, criando um padrão que, atuando por semelhança, tem na repetição a garantia de uma permanente aceitação.

É notório que o produto telenovela faz parte do sistema de representação e expressão dos discursos dominantes, principalmente no que se refere à ideologia do consumo. Sistema de representação entendido, aqui, como sendo *"os conjuntos conceituais e simbólicos através dos quais os grupos que constituem a coletividade tentam interpretar a si mesmo e interpretar o mundo no qual se acham inseridos, bem como os métodos mediantes os quais a coletividade em questão esforça-se por estender seus conhecimentos e seu saber-fazer* (LADRIERE, 1979: 13)".

Já o sistema de expressão deve ser entendido como *"as modalidades ao mesmo tempo materiais e formais, através das quais as representações e as normas encontram suas projeções concretas, no nível da sensibilidade, e graças às quais os afetos profundos (nos quais tomam forma à existência vivida, como modo de sentir a realidade natural e histórica), exteriorizam-*

*se em figuras significantes, abertas a uma incessante decifração* (LADRIERE, 1979: 13)".

Portanto, ao buscar compreender o processo comunicativo que ocorre entre o pólo de produção e de recepção das telenovelas, necessário se faz descrever os modos, formas e modelos de instituição dos vínculos, a partir da interação entre o telespectador e o enredo, pois a relação entre esses pólos produz um espaço midiático de circulação de sentido (mediação) que reforçam determinadas estratégias, contratos de leitura, protocolos e enquadramentos, estimulando ou inibindo a criação de vínculos e identificações na audiência, visando à atualização discursiva.

Ao desempenhar o papel de aparato de proteção dos discursos sociais hegemônicos, através da filtragem de temas e questões polêmicas, que ainda não estão claramente definidos no ambiente social, as telenovelas catalisam as demandas que emergem da sociedade. Com isso, há um controle dos possíveis imprevistos provenientes dos conflitos sociais, garantindo a administração da sociedade.

A relação entre sistemas simbólicos e o gerenciamento da sociedade, via telenovelas, modela comportamentos e enquadra acontecimentos, pois este controle está encarregado de *"substituir vicariamente as insatisfações e as disfuncionalidades produzidas pelas contradições sociais* (RODRIGUES, 1996:19)".

A telenovela leva a efeito um processo de homogeneização dos discursos, difundindo e massificando padrões de referência, reelaborando, ao seu modo, o cotidiano social, colocando no mesmo espaço semiótico, valores, tradições, identidades, culturas e classes sociais. Entretanto, no momento de sua apresentação desconhece as diferenças imanentes a cada grupo social.

Ao permitir a construção gradativa do enredo e da trama, a telenovela facilita, ainda mais, o processo de manipulação do sistema simbólico, pois o autor e a equipe de produção procedem à filtragem dos temas abordados e dos comportamentos sugeridos, conforme reações, respostas e demandas postas, estabelecendo um contato ritualizado com o público, através de um processo gradativo de apresamento, aonde, estrategicamente, o telespectador vai sendo impregnado com doses diárias de suspense e emoção, vinculando-se cada vez mais ao enredo e submetendo-se cada vez mais à fala do outro a sua lógica semântica.

As possibilidades discursivas das telenovelas adaptam-se às variações e possibilidades de resposta da audiência, favorecendo a formulação das estratégias para a efetivação dos vínculos de identificação, essenciais para a adesão dos telespectadores e para o êxito dos efeitos de sentido pretendidos pela enunciação. Essa identificação gera um processo contínuo de projeção (diferenciação) e introjeção (indiferenciação), desencadeando no telespectador uma série de emoções, sentimentos, impulsos, afetos, desejos, sensações e fantasias conscientes e inconscientes, que cristalizam ou desfazem os vínculos identitários de interação social.

Nessa rotina, projeção e introjeção dificultam a diferenciação dos mundos internos e externos, pois o telespectador interage com o produto em oferta buscando estabelecer uma interação simbólica capaz de lhe proporcionar sentimentos de pertencimento social e vinculação cultural, a partir do ato de consumo do material simbólico.

Tomando o conceito de identificação como sendo um *"processo sumamente complexo, sua amplitude se evidenciando nas implicações de sua existência para a formação e estruturação básica da personalidade e da identidade, tanto em seus aspectos cristalizadores psicológicos, como psicopatológicos e psicodinâmicos* (MENDONÇA, 1987:21)".

Assim, compreende-se porque a interação telespectador-enredo se estabelece como um processo de compartilhamento simbólico-discursivo, que cria vínculos afetivos, emocionais, psicológicos e mentais, influenciando na organização da identidade e nos padrões de comportamento do sujeito, já que:

> "...*esta circularidade ilimitada, obedecendo à chamada ideologia do serviço ou ideologia da neutralidade, recupera de antemão toda a irrupção violenta da memória e de projetos realmente alternativos; é a circularidade do presente que se esgota na funcionalidade dos seus elementos permutáveis até ao infinito e reproduz o passado de maneira estilizada e ritualizada* (RODRIGUES, 1996:22) ".

Ao deixar-se envolver pela trama, o telespectador estará propenso a acatar e subordinar-se aos estímulos externos. Não se trata de um estado de passividade, mas de fascinação, que dificulta o distanciamento necessário para absorver o enredo criticamente. Esse aprisionamento estético detona a atenção do telespectador para dentro (internalização), evocando suas experiências pessoais. Mas é o enredo em projeção que controla e realimenta o percurso de percepção e sensibilização. Há como que um engessamento do senso crítico do telespectador pela experiência estética em processo.

A medida que se envolve na trama, o telespectador torna-se cada vez mais suscetível e vulnerável, pois às formas de identificação com o enredo são essencialmente reativas, onde a percepção, sensibilidade, memória e imaginação do sujeito são ativadas a partir dos estímulos ofertados pelo ambiente ficcional, sendo o sujeito sutilmente conduzido para o sentido desejado pelo pólo emissor.

A questão é compreender como a identificação, através de um contínuo processo de introjeção/projeção, condiciona a interação entre o telespectador e o enredo, pois dessa relação nasce um sentimento de familiaridade e comprometimento com os discursos em exposição, pois *"a identificação é um processo de suma importância em todo relacionamento e comunicação humana. Através dela, é possível serem entendidas situações como a empatia, simpatia, imitação, e até o aprendizado e a educação, embora estas guardem certas diferenças fundamentais com o processo de identificação* (MENDONÇA, 1987:35)". E continua:

> *"O sujeito modificaria seus motivos e padrões de conduta, representação do self* [o eu]*, que corresponderia a ele de maneira que* <u>se</u> *sente* <u>ser</u> *semelhante às representações do objeto com que se confunde. Na*

94

*identificação, o sujeito perceberia como sendo própria uma ou mais influências reguladoras ou características do objeto, que se fizessem importantes para ele, levando-o a prosseguir o seu vínculo com o mesmo. Neste processo, estabelecer-se-ia uma ou mais representações da pessoa, implicando seus 'modos de ver' e todas as conseqüências da escolha do sujeito. A identificação teria uma conotação parcial ou total, do ponto de vista do sujeito, ou de um observador. Todavia, sabemos que ser como o outro é uma ilusão, só podendo ser concebido, magicamente, pelo sujeito com maior ou menor distanciamento da realidade* (MENDONÇA, 1987:35)".

Diante do processo de identificação telespectador-enredo, as telenovelas, de produto de entretenimento, passam a ser dispositivo de controle social, com seus modelos de comportamento e visão de mundo, influindo sobremaneira para a formação da opinião pública dos diversos segmentos sociais. Como lugar de atualização dos discursos, dos vínculos e das práticas sociais, as telenovelas têm a competência de ativar e organizar discursos, apresentando-se como um guia emocional, psicológico e cognitivo das experiências subjetivas do telespectador a partir das significações sugeridas.

Como ocorre o processo de internalização dos discursos pelos telespectadores das telenovelas? Quais são os desdobramentos das identificações resultantes da interação entre o telespectador e o enredo? Para Melaine Klein, os processos de *"introjeção e projeção operam desde o começo da vida pós-natal e interatuam constantemente. Essa interação tanto estrutura o mundo interno como dá forma a imagem da realidade externa* (KLEIN, 1969:07)".

No processo de identificação, o sujeito atribui qualidades, motivações etc, as ações, atitudes e falas das personagens, pois *"a identificação por projeção implica uma combinação de fragmentação de partes do eu e de sua projeção sobre outra pessoa* [outro objeto ou discurso] (KLEIN, 1969:10)".

As telenovelas ativam processos de identificação que fazem funcionar o imaginário dos telespectadores, pois seu grande prestígio advém do seu poder de proporcionar oportunidades sublimatórias, através de gratificações simbólicas e descargas emocionais (catarse).

Quando do reconhecimento e/ou internalização pelo sujeito das fantasias contidas nos enredos, introjeção e projeção interagem, combinam-se e integram-se, produzindo uma dinâmica de aceitação dos efeitos de sentido. A esse respeito, diz Klein:

*"A minha experiência demonstra que a luta contra uma identificação irresistível e dominadora – por introjeção ou projeção – impele freqüentemente as pessoas a identificações com objetos que revelam as características opostas (outra conseqüência de tal luta é uma fuga indiscriminada para uma multiplicidade de novas identificações e flutuações entre todas elas). Tais conflitos e ansiedades são freqüentemente perpetuados e debilitam ainda mais o ego* (KLEIN, 1969:41)".

Um olhar detalhado sobre a fala de Melanie Klein revela como ocorre o processo de apresamento do telespectador pelas telenovelas, onde o sujeito é sempre levado a uma multiplicidade de identificações, dificultando a cristalização de sua subjetividade.

Do ponto de vista psicanalítico, as telenovelas, como fonte contínua de fantasias, funcionam como um seio bom, que pode ser sugado, mas nunca esvaziado, sempre conduzindo a novas fantasias. Mas, ao contrário do seio real, as telenovelas roubam o conteúdo, pois não suprem as carências do sujeito, sempre adiando a satisfação do desejo e prometendo sua realização futura.

As motivações que determinam a escolha do objeto de identificação (pessoa, coisa, discurso etc.) estão ligadas à existência, no objeto, de afinidades e qualidades comuns a ele e ao sujeito da identificação, pois *"esses processos (introjeção e projeção) variam em intensidade e duração; e dessas variações dependem a força e importância de tais identificações e suas vicissitudes* (KLEIN, 1969:44)".

O desdobramento do processo de identificação, o sujeito há que sentir e perceber que existe uma base comum de sentido que permite a interação entre ele e o objeto da identificação, já que *"o indivíduo sente que seu ego está submerso nos objetos com quem se identificou pela introjeção ou projeção é da máxima importância para o desenvolvimento de relações com o objeto, assim como para determinar a força ou fraqueza do ego* (KLEIN, 1969:45)".

Torna-se evidente que, ao interagir com o enredo, o sujeito apresenta e suporta seus próprios impulsos, desejos, ansiedades e emoções, onde a produção de sentido está fortemente condicionada às articulações dialógicas que estruturam a trama, mesmo que sejam mantidas no nível inconsciente, pois a trama está eivada de mecanismos sublimatórios.

Sabemos que a vinculação do sujeito aos discursos, na identificação por introjeção, se processa através da integração do objeto externo ou parte dele ao ego. Já na identificação por projeção, a vinculação se processa, simbolicamente, através da substituição de partes do objeto externo por partes do ego. Compreender quais são as ações que o sujeito realiza para preencher as lacunas (vazios) presentes nos enredos é uma tarefa difícil de empreender, pois o perfil do telespectador das telenovelas encontra-se pulverizado em todos os níveis da pirâmide social.

Certo é que o telespectador, sob algum aspecto, já está contido no enredo antes mesmo do momento de exposição, pois os discursos esperam ser completados por ele, para que os complete, pois para a produção, *"o importante é ver e descobrir o que aquilo está comunicando, por que está comunicando, que carência aquele produto está suprindo. Ele* [o enredo] *funciona quase como um psicanalista, sabendo que tem que manter um canal aberto com seu analisado* [o telespectador]*, com seu público* (FILHO, 2001:81)".

Dos discursos das telenovelas deriva parte da consciência (ou inconsciência) social, a partir da inserção dos telespectadores nas práticas significantes sugeridas pelo enredo, que passam a fazer parte da substância do imaginário e/ou da experiência imaginada do receptor. A interpretação que os enredos fazem da realidade social ou da experiência emocional do sujeito alude às peculiaridades que, do ponto de vista da enunciação, são estrategicamente interessantes para eficiência e funcionalidade da mensagem e que não conflitam com o papel e o lugar social ocupado pelo veículo.

Isso faz o indivíduo perceber e sentir superficialmente o conteúdo discursivo apresentado, dissociando-o da realidade social na qual está inserido. Por isso, as profundas contradições sociais são facilmente resolvidas nos enredos das telenovelas, através de soluções mágicas. Os conflitos sociais aparecem e são abordados respeitando determinados limites, que não devem ser extrapolados para uma dimensão discursiva que a rotina do veículo não reconhece, não controla ou não tenha interesse.

Portanto, os enredos silenciam intencionalmente sobre determinados temas, assuntos e questões que podem escapar ao controle da mídia. Interpelar o discurso das telenovelas do ponto de vista da realidade social e das experiências cotidianas dos telespectadores é revelar sua inconsistência em relação aos conflitos e a dinâmica social.

Os discursos hegemônicos infiltram-se nas telenovelas através das ações, comportamentos, falas e emoções dos personagens, tendo como conteúdo, substrato e última intenção, influírem no plano simbólico e na estruturação e direcionamento da experiência imaginada, pois a identificação processa-se no nível da funcionalidade da prática discursiva, apontando para a experiência vivida do telespectador, a partir do enredo.

Ao longo da trama, as personagens estão o tempo todo interpelando e requisitando do telespectador um posicionamento, exigindo que ele decida e produza sentido e significação para as ações, diálogos e emoções expostas. As personagens conclamam o telespectador a se identificar com suas opiniões, posições e atitudes. O sujeito real interage discursivamente com a personagem (imaginária), que dele exige reconhecimento.

Esse reconhecimento da personagem ficcional pelo telespectador garante o efeito de sentido pretendido, pois nos enredos há uma economia simbólica das personagens, onde a politização estética das identidades dos diversos grupos sociais, onde se potencializa e se privilegia determinados modelos sociais e se caricaturiza-se outros, com o objetivo de privilegiar projetos políticos e sócio-culturais específicos, em detrimento de outros.

As telenovelas, ao mesmo tempo em que indicam modos de funcionamento social e limites para as ações individuais, servem de válvula de escape e catarse para a realidade que o indivíduo enfrenta em seu cotidiano, permitindo a criação de um mundo mágico, onde as regras sociais são abertamente quebradas, tendo uma função de substituição, oferecendo fantasias para uma possível rotina de sacrifício e ausência de atrativos.

Para alcançar sua eficácia discursiva, capaz de ativar, desencadear e efetivar o processo de identificação, o enredo é montado em um campo de semantização que permite um fácil reconhecimento estético e uma absorção mental devido à adoção de uma racionalidade simplificada, onde a determinante é o desejo, pois a linguagem do gênero telenovela é o instrumento que deve expressar as pulsões mais profundas do desejo, consciente ou reprimido, inclusive no não sentido dos acontecimentos e discursos contidos na trama.

# 6 – Identidade e memória social

Abordaremos aqui algumas questões relativas à interação entre telenovela, identidade e memória social, avaliando seus desdobramentos na vida cotidiana do telespectador, onde as intenções de ativar a memória estão subordinadas às necessidades do pólo de enunciação de compreender, monitorar e controlar as tendências sociais para produzir determinados efeitos de sentido.

A relação simbólica entre a telenovela e o cotidiano revela alguns dispositivos através dos quais ocorre a ritualização e atualização dos discursos sociais, pois sendo as telenovelas espaços privilegiados de adequação entre os discursos socialmente hegemônicos e os discursos periféricos (de ruptura), aí se refletem as interações entre silêncios, esquecimentos e lembranças, onde se operam diversas formas de apagamento e/ou resistência da memória social.

Os conteúdos da memória social são ativados/desativados conforme haja interesse da enunciação, pois a apresentação da atualidade mediatizada pretende criar, mesmo através da ficção, efeitos de realidade. Sabemos que a memória é uma estrutura constituída por diferentes pontos de referências e sua ativação advém de múltiplas motivações: sociais, culturais, religiosas, econômicas e políticas etc. Ou, ainda, por motivos outros integrantes do ego, através das emoções e até da própria sexualidade do indivíduo. Aqui nos interessa, particularmente, a memória coletiva. Ou melhor, a memória e seu enquadramento na dimensão sócio-cultural.

Motivações como o patrimônio arquitetônico das cidades, os monumentos, as paisagens, as datas históricas e seus personagens, os costumes, as tradições, as regras sociais, a arte (em suas diversas formas expressivas), a moda, as ideologias políticas, as relações econômicas etc, são lugares de memória que podem ser ativados e/ou desativados, lembrados ou esquecidos, e facilmente apropriadas pelos enredos das telenovelas, dependendo das demandas postas. Os lugares de memória fundamentam, reforçam e atualizam os sentimentos de pertinência sócio-culturais, definindo as fronteiras das interações e das identificações coletivas.

Entretanto, a memória, para além dos enquadramentos oficiais, está permeada de vazios, lacunas, pontos de indeterminações e esquecimentos, que formam uma memória subterrânea que poderá ser ativada a qualquer momento, aflorando e reabilitando posições e interpretações marginais, pondo em questão a ordem estabelecida, principalmente, em situação de crise ou conflito sócio-econômico entre as diferentes camadas sociais.

Dessa forma, os discursos hegemônicos e a memória subterrânea entram em disputa, desencadeando o conflito e impondo uma revisão dos enquadramentos da memória coletiva socialmente oficializada.

Como já demonstramos, o público das telenovelas monta estratégias de consumo para interagir com o enredo, pois as mensagens disponibilizadas buscam gerar no telespectador uma simetria/congruência com os sentidos formulados pelo campo de produção. O telespectador, a partir da memória, da cultura e da sua experiência pessoal, ressignifica as mensagens atribuindo novos sentidos, que confirmam certa visão de mundo, a partir dos conteúdos residuais recuperados de sua memória.

As telenovelas têm o poder de influir na formação do imaginário popular, através dos conteúdos diluídos nas situações e diálogos vivenciados pelas personagens. Desempenhando a função de reforço dos discursos socialmente cristalizados, as telenovelas indicam a forma como o telespectador deve ver, enquadrar e compreender a sociedade, dando respostas previsíveis, através de padrões específicos de compreensão das relações sociais, onde dele se exige apenas os reconhecimentos empíricos dos discursos e não a reflexão crítica que revele suas intenções e repercussões.

Esse reconhecimento empírico dos discursos é facilmente realizado pelo telespectador, que já está condicionado pela rotina de veiculação e pelo padrão técnico-estético imposto. O enredo, como lugar semiótico capaz de permitir percepções simbólicas e experiências de mundo, não importando aqui valorar essas experiências (se boas ou más), promove deslocamentos discursivos, permitindo colocar em contato distintos contextos sociais, influenciando o modo de perceber, sentir e agir, tendo a auto-referencialidade midiática como categoria estratégica.

A seguir, faremos considerações sobre algumas questões que são pertinentes e fundamentais para a compreensão da dinâmica, de ativação/desativação da memória social, através das telenovelas. A eclosão e irrupção da memória social suscitam formas de ação ou por essas são suscitadas, pois pautam a agenda social com temas e questões que dão sustentação à ordem vigente.

Em sua dialética de resistência e/ou apagamento, a memória social busca criar novas redes de sociabilidade afetiva, cultural e política, que se integram à memória dos grupos sociais excluídos ou marginalizados. Essa possibilidade latente de eclosão da memória social, adormecida e silenciada, é capitalizada de forma bastante eficaz pelo gênero telenovela, que lança mão de estratégias de resgate dessa memória, quando isso parece oportuno para garantia de sua legitimidade e eficácia discursiva.

As zonas de negociação entre a memória social marginalizada e a memória oficial resgatada nos enredos transformam-se em processos informais de comunicação e dispositivos de permanência das memórias subterrâneas, situada nas zonas de sombra, silêncios e vazios deixados pela memória oficial.

Entretanto, as áreas fronteiriças de intercessão entre a memória oficializada pela interpretação dos fatos sociais e ancorada pelas datas históricas e a memória marginal não são fixas e estão eivadas de possibilidades de significação, pois aquilo que é silenciado, reprimido para o inconsciente ou esquecido, está em permanente negociação com aquilo que é lembrado e publicizado, através de processos de fragmentação, condensação e deslocamento de sentido.

A memória social marginal pode encontrar conjunturas favoráveis ou desfavoráveis para sua eclosão e manifestação, pois há uma contínua interação entre aquilo que o sujeito pensa, sabe e confessa a si mesmo, e aquilo que é publicizado. Esse conflito entre conjunturas favoráveis e desfavoráveis à emergência de uma memória subterrânea permite-nos reconhecer as negociações entre presente e passado, onde o presente apresenta-se como uma oportunidade de revisão, reinterpretação e atualização do passado, mas o passado também pressiona a atribuição de sentido, a significação e os enquadramentos que são realizados no presente.

Um bom exemplo disso são as próprias cenas das telenovelas, onde o telespectador espera que as cenas seguintes esclareçam sobre as cenas anteriores, mas as cenas passadas também contaminam e impregnam as cenas seguintes, condicionando e contagiando a percepção, recepção e leitura do desenrolar da trama. Na manifestação da memória, a interação entre o vivido e o aprendido está em uma permanente negociação.

Isso se aplica a qualquer forma de memória: individual, familiar, comunitária, social, coletiva. Desse modo, o tempo se coloca como o grande problema para a memória marginal, que deve resistir até encontrar a oportunidade em que possa invadir o espaço público e transformar-se em discurso aberto e dispositivo de contestação social e histórica. Esse é um processo complexo que exige estratégias de resistência e integridade, capazes de garantir sua manifestação futura.

Nesse contexto, o passado orienta o senso de realidade, restringindo suas possibilidades, pois tem uma "materialidade" que o futuro ainda não possui. Um acontecimento do passado pode permanecer ativando e referenciando a produção de sentido na atualidade, orientando as expectativas de futuro e reduzindo os seus enquadramentos.

A memória social, como referência do passado, serve para manter a coesão e orientar as posições dos campos sociais, através dos diferentes grupos e instituições. O trabalho de reinterpretação e adaptação do passado ao presente são contidos por uma exigência de credibilidade, que depende do encadeamento e da sucessão discursiva construída, pois, juntamente com a preservação da memória, está em jogo a preservação das identidades individual e coletiva, isso porque a sociabilidade é constituída por uma permanente negociação entre memória, esquecimentos, silêncios e a atualização dos discursos.

Ao construir resistências para interagir com o enredo, o telespectador impõe limites aos discursos. Isso significa dizer que, quanto mais deficiente for a formação intelectual e cultural do telespectador, menor será sua resistência e maior será o efeito da mensagem sobre seu imaginário.

A mensagem, ao ativar modalidades perceptivas de audição, visão e sinestesia (ativação indireta de um sentido que não sofreu estímulo, por outro que foi estimulado, funcionando como dispositivo detonador de outras sensações não previstas pela emissão) impede que o telespectador trabalhe no nível lógico o suficiente para perceber que as ações e os diálogos desenvolvidos não são levados a efeito para provocar estímulos e reações nas personagens, mas nele próprio (o telespectador).

O telespectador funciona em um nível lógico diferente daquele utilizado pelo pólo de produção para construir a mensagem que, com a pretensão de valorizar o conteúdo, busca surpreender, seduzir e fisgar o telespectador. Submetido a essa dinâmica, o telespectador absorve e armazena na memória essas experiências imaginadas, recuperado-as quando, em outras situações do cotidiano, elas aproximarem-se de sua experiência vivida. Como processador de informação, o telespectador recupera esse material para orientar seu desempenho em sociedade.

A maior parte da experiência sensorial advinda do contato imediato do telespectador com os enredos das telenovelas não é mensurável ou identificável, pois os efeitos de sentido ficam latentes e sua manifestação é retardada. A consciência fica vinculada às recordações acumuladas, pois *"talvez se possa dizer que o mais perto que uma pessoa normal, pelo menos, na cultura ocidental, chega de uma percepção consciente do seu mundo interior é através dos processos de memória* (RIVIÈRE, 1969:67)".

As telenovelas são subprodutos culturais desvinculados das transformações sociais, pois quando optam pela exposição da miséria e da desigualdade não inspiram à revolta ou a indignação para uma possível ruptura, mas o conformismo. Os enredos são, predominantemente, sentimentais e emotivos, sendo indiferentes e omissos à lógica de exclusão social, pois as telenovelas reproduzem-se como espaço que não tolera discursos que sejam divergentes ou que promova o resgate de uma memória crítica, pois estabelece uma retórica que está comprometida com a desintegração de possíveis referências de resistência.

A devastação da memória social e a conseqüente amnésia causada pela superficialidade com que são tratados relevantes temas causam o entorpecimento da consciência social e afasta os telespectadores da possibilidade de construir um pensamento crítico capaz de apontar para a formação de uma resistência social que permita a reflexão sobre as soluções dos gravíssimos e tradicionais problemas sociais que afligem a sociedade.

A análise sociológica levada a efeito resulta, quase sempre, na intencionalidade de apagamento da memória, principalmente aquela que seja capaz de atrair um desejo de mudança da realidade. Há a intencionalidade de suprimir da memória coletiva os conflitos do passado que, por acaso, tenham ou possam vir a ter ressonância no presente.

Os discursos sociais que possuem uma carga de questionamento e conflito são expurgados dos enredos ou recebem um tratamento caricatural que os deforma e os ridiculariza. Portanto, libertar as expectativas de futuro das amarras restritivas do passado seria uma honrosa função a ser desempenhada pelas telenovelas.

# 7 – A mediação como lugar de negociação

A mediação, lugar de intersecção e interação entre os pólos de produção e recepção midiática, espaço por excelência de circulação de sentido - momento exato onde emissor e receptor se encontra através de suas práticas, consumos e usos simbólicos - é o ambiente onde o processo de comunicação se adensa e complexifica-se, pois se apresenta tenso e ambíguo, já que o pólo de produção se expõe e materializa-se, através de um produto específico que interpela o sujeito (telespectador), obrigando-o a evocar seus conhecimentos, experiências e emoções, para confrontar os discursos ofertados com seu contexto sócio-cultural particular, efetivando a significação.

No interior da mediação ocorre a interpenetrabilidade dos campos de produção e de recepção, criando uma área de intersecção que consolida o processo de significação. A mediação compreende a soma dos processos mentais, conscientes e inconscientes, ativados no telespectador durante o consumo dos produtos midiáticos em consumo, onde a circulação de sentido cria uma zona de sombras, constituído por sentidos não elaborados (pré-sentidos), que condiciona a elaboração final da significação, ancorada pelos processos que determinaram a formação identitária do telespectador.

À exposição aos produtos midiáticos não esgota seus efeitos de sentido no ato da recepção, mas prolonga-se, propaga-se e interage com outras mediações, na mesma mídia e/ou em outras, interferindo nos enquadramentos efetuados pelo telespectador em situações posteriores ao momento da exposição. Essa nova esfera cognitiva, totalmente mediatizada, impõe novas formas de (des) ativação da memória, pois a interação entre o sujeito e a mídia impõe outra compreensão da experiência espaço/temporal.

A temporalidade e a espacialidade se comprimem e trazem consigo a desreferencialização e dessubstanciação do sujeito em relação ao seu *topos* social tradicional, onde cada vez mais a memória e a consciência social são determinadas pelo tempo de exposição dos indivíduos aos conteúdos disponibilizados pelas tecnologias da comunicação e informação.

A criação de vínculos entre a recepção e enunciação, mediadas pelo enredo, deriva das situações de contatos que favoreçam os processos de identificação do telespectador, através da fala e das ações das personagens. Essa identificação se processa através do contato do sujeito com o sistema de representação simbólica que, através dos conteúdos/sentidos mediatizados, ativam a memória e a imaginação, pois:

*"A recepção, por conseguinte, não é um processo redutível ao psicológico e ao cotidiano, apesar de ancorar-se nessas esferas, mas é profundamente cultural e político. Isto é, os processos de recepção devem ser vistos como parte integrante das práticas culturais que articulam processos tanto subjetivos quanto objetivos, tanto micro (ambiente imediato controlado pelo sujeito) como macro (estrutura social que escapa a esse controle). A recepção é então um contexto complexo, multidimensional* [e multireferencial] *em que as pessoas vivem o seu cotidiano. Ao mesmo tempo, ao viverem esse cotidiano, as pessoas se inscrevem em relações de poder estruturais e históricas, as quais extrapolam as suas práticas cotidianas* (LOPES, 2000:125)".

O espaço de mediação, lugar onde os discursos são disponibilizados, apropriados e/ou rejeitados, conforme as demandas individuais e/ou grupais revelam as interrelações semióticas que se realizam entre o pólo de produção e o pólo de recepção, sendo capaz de proporcionar a compreensão do processo de construção da significação, permitindo o reconhecimento das manobras realizadas pela emissão e as estratégias desenvolvidas pela recepção para interagir com os conteúdos ofertados.

Analisar e compreender o processo de mediação é fundamental para interpretar e compreender o fascínio que as telenovelas exercem sobre a audiência, pois a configuração das relações entre o enredo e os telespectadores aponta para vinculações afetivas realizadas, conforme condicionamentos e subordinações dos telespectadores aos padrões propostos, que acabam por reproduzir as relações de poder e as práticas sociais sugeridas.

No dizer de Alberto Maldonado:

*"As estruturas sociais, institucionais, na problemática da recepção estão profundamente mediadas pela dimensão cultural, entendida como o espaço-tempo da invenção simbólica da realidade humana. Nessa perspectiva, as transgressões, reproduções e novas realizações da recepção televisiva deveriam ser situadas numa pentaconvergência de elementos de mediação: história-cultura-sociedade-ética-política. Porque o jogo dos poderes, das hegemonias, das perversidades [sociais] e das subjugações realizam-se, num dos seus elementos estratégicos, na mídia. (TORRE, 2000:07)"*

E mais:

> *"Sem pretender afirmar que a política e os jogos políticos estejam reduzidos à sua realização midiática, comprova-se, contudo, que as inter-relações mídia-política são importantes na realidade social e na construção do pensamento no campo* [social]. *O político está presente tanto nas expressões de ficção quanto nas realistas* (Ibid)".

O político entendido em seu *"sentido abrangente e de futuro deve compreender as múltiplas formas de exercício, construção, reprodução, transformação e negação do poder* (TORRE, 2000:07)". No caso da recepção das telenovelas, quais as competências cognitivas mínimas devem possuir o telespectador para interagir com o enredo com relativa autonomia?

No processo de mediação há espaços vazios (lacunas) que devem ser preenchidos pela subjetividade do telespectador, que neles inscreve suas impressões, práticas simbólicas e rituais cotidianos. O telespectador é interpelado para que, "livremente", aceite os sentidos propostos, submetendo-se e subordinando-se às diretrizes do enredo. Esse processo transforma as telenovelas em lugar de idealização e mitificação do mundo político-social.

A configuração do espaço de contato entre o enredo e a audiência leva-nos a conceber o contexto de recepção, através de suas estratégias de resistência e/ou aceitação dos discursos, como ato essencialmente político. Numa perspectiva mais ampla, podemos afirmar que o cenário sócio-cultural dos atores sociais fica subordinado à recepção dessas mensagens e ao uso que delas fazem em suas práticas cotidianas.

É no espaço de mediação que ocorre as disputas e as negociações pela hegemonia social dos discursos, sendo a cultura o campo de conflito e a mediação o lugar de cristalização do sentido. Aqui nos interessa muito mais que saber sobre o lugar de produção ou de recepção, é conhecer sobre o espaço de intersecção entre esses dois pólos, lugar de encontro das intenções e pretensões de emissores e receptores.

Um dos principais desafios que atravessa os estudos de recepção está exatamente na investigação empírica dos processos mentais desencadeados pelos telespectadores no momento de exposição e seus desdobramentos na atribuição de sentido, posto que,

> *"...tomando o gênero melodrama como matriz cultural de significação, a telenovela é entendida como um construto que ativa na audiência uma*

*competência cultural e técnica em*
*função da construção de um*
*repertório comum, que passa a ser*
*um repertório compartilhado de*
*representações identitárias, seja*
*sobre a realidade social, seja sobre o*
*próprio indivíduo*(LOPES,
2000:121)".

Todo processo de comunicação é articulado a partir das mediações que ele possibilita e instaura, pois,

*"...as mediações são esse 'lugar' de*
*onde é possível compreender a*
*interação entre o espaço da produção*
*e o da recepção: o que se produz na*
*televisão não responde unicamente a*
*requerimentos do sistema industrial e*
*a estratagemas comerciais, mas*

*também a exigências que vêm da trama cultural e dos modos de ver* (Martin Barbeiro apud LOPES, 2000:125)".

As práticas de consumo midiático estão relacionadas *"a produção e reprodução social dos sentidos envolvidos nos processos culturais não são somente uma questão de significação, mas também e principalmente, uma questão de poder* (LOPES, 2000:125)".

A teoria da recepção, ao analisar o processo de comunicação midiática, atribui um papel ativo aos telespectadores que, através de suas experiências e práticas, influenciam sobremaneira a produção de sentido, inferindo da mensagem elementos que corroborem suas crenças, seus princípios éticos e sentimentos, pois:

*"...frente a uma nova conjuntura política e cultural, faz-se necessário abandonar uma concepção de dominação entendida somente como mera estratégia de imposição cultural que desconhecia os modos de apropriação e ressignificação das mensagens hegemônicas, isto é, os usos que os diversos grupos sociais fazem dos meios e dos produtos massivos* (ESCOSTEGUY, 2000:24").

Portanto, ao incorporar nos enredos discursos dos diversos campos sociais, os produtores das telenovelas ampliam o espaço de circulação de sentido e a duração do processo de mediação, já que

*"...a recepção é um processo e não um momento, isto é, ela antecede e*

*prossegue ao ato de ver televisão. Assim, o sentido primeiro apropriado pelo receptor* [telespectador] *é por ele levado a outros 'cenários' em que costumeiramente atua (grupos de participação). Imaginamos então que a mensagem da telenovela é reapropriada várias vezes...* (LOPES, 2000:126)".

Para isso, são realizadas manobras no ambiente da audiência, onde:

*"O significado televisivo é 'negociado' pelo receptor. Assumimos então que não há garantia que os significados propostos por uma telenovela sejam apropriados da mesma maneira. Pode-se afirmar*

131

*então que os sentidos e os significados últimos de uma telenovela são produtos de diversas mediações. Por um lado, isto significa que o processo de comunicação não se conclui com a transmissão, senão que propriamente aí se inicia. Por outro lado, isto não implica a ausência de uma intencionalidade global política e econômica concreta que se inscreve no discurso social hegemônico* (LOPES, 2000:126)".

Portanto, a teledramaturgia, a partir de um conjunto de estímulos emotivos, psíquicos e intelectivos, articula a mediação e transforma o enredo em fonte de socialização e politização, subordinando o ambiente ficcional a modelos econômicos e sociais específicos, originários e derivados de contextos simbólicos hegemônicos.

# 8 – Conclusão

Ao longo dessa pesquisa, nosso objetivo não foi definir as diversas respostas que podem ser dadas pelos telespectadores aos enredos das telenovelas, tarefa impossível de ser realizada,

> *"...na medida em que a valorização* [do discurso] *não opera no nível das condições de produção das mensagens, não aparece por si próprio no plano do discurso* [obra acabada]*, pois a ideologia é um sistema de codificação da realidade* [derivada de sua permanente apresentação e atualização]*, e não um conjunto determinado de mensagens codificado com esse sistema"* (VERON, 1970:185).

133

Mas do ponto de vista teórico é plenamente possível identificar os mecanismos acionados pela produção para elaborar esse produto e os possíveis usos que deles fazem os telespectadores para atribuir sentido às mensagens recepcionadas através dos enredos.

Fica claro que o processo de ressignificação das telenovelas pelo telespectador, remete-o para as suas próprias fantasias, desejos, experiências e memória, através das identificações, projeções, introjeções e valorações éticas, estéticas, culturais, sociais e políticas, que proporcionam uma sensação de atualização do ego, causada pela afirmação ou negação de uma realidade exterior imaginada e/ou fantasiada através da trama, onde *"a formação do sentido é vista como uma compensação à carência perceptiva do Homem: a constituição e a transmissão do conhecimento social suprem a falta inata de programação de conduta* (DARIN, 1990: 246)".

As telenovelas, como local de passagem dos discursos sociais, visam, a priori, a cristalização de sentidos pré-determinados, pois a significação ocorre pela socialização dos discursos, conforme necessidades e carências dos telespectadores e interesses da emissão, já que os discursos e seus sentidos derivados se transformam por ação de seus deslocamentos nos distintos ambientes sociais e são percebidos de diferentes formas, conforme a capacidade de cada telespectador para processar novas informações e entender outros discursos e sentidos, distintos daqueles integrantes de suas matrizes simbólicas tradicionais.

Portanto, as telenovelas, para além de sua materialidade, visualidade e sonoridade explícitas, trazem em si elementos implícitos que operam diretamente sobre o pensamento, a imaginação e a afetividade do telespectador, influenciando em sua construção do real, condicionando de forma decisiva o processo de produção e deflagração do sentido, que sempre necessitará ser, cada vez mais, aprofundado, analisado, interpretado e melhor compreendido.

Pelo que até aqui foi exposto, podemos afirmar que, em nossa sociedade, as telenovelas são lugares de construção da realidade social, constituindo-se em dispositivo utilizado para inibir as potencialidades criativas e libertadoras contidas nas contradições, conflitos e diferenças sociais.

Nos enredos estão presentes mecanismos controladores e aliciadores que fazem uma vinculação condicionada entre o imaginário do telespectador e suas possíveis práticas sociais, pois a consciência da realidade, e de nós mesmos, emerge da força que possui as versões midiáticas sobre qualquer fato que aconteça ou possa vir a acontecer, pois *"numa perspectiva construtivista, não se trata mais de lidar com os fatos sociais como coisas, mas analisar como os fatos sociais se tornam coisas, como e por quem eles são solidificados e dotados de duração e estabilidade* (POLLAK, 1988:04)".

136

A mídia, como campo hegemônico de exposição e agendamento, sobredetermina outros campos sociais e influi sobremaneira na formação do sujeito e das sociedades contemporâneas, pois os discursos da mídia funcionam como filtros que controlam a atualização da memória sócio-histórica, silenciando ou publicizando discursos e sentidos, obrigando o sujeito, cada vez mais, a ela subordinar-se, pois a memória e a consciência tornaram-se reféns das mensagens/discursos disponibilizados pelas tecnologias da comunicação e da informação.

Sendo assim, perguntamos: até que ponto as telenovelas são responsáveis por nosso subdesenvolvimento social e cultural? É possível utilizar esse gênero televisivo para impulsionar novos sistemas de valores e novas práticas sociais mais próximas dos interesses da maioria dos cidadãos? Acreditamos que sim.

A utopia é que os enredos das telenovelas possam algum dia representar à ruptura de muitos contratos sociais já superados, produzindo discursos que exijam do telespectador a disposição para percorrer novos caminhos, onde memória e desejo sofram uma redução de suas funções historicamente determinadas, para que, quando da ocorrência da articulação dos discursos para a produção de sentido, o processo de apropriação e cristalização da significação (e ressignificação) seja capaz de engendrar o novo, o diferente, pois,

> *"...sabemos que são principalmente as figuras mais amadas, odiadas, admiradas e respeitadas, que o sujeito da identificação escolhe como objeto. Suas influências se evidenciam na conduta do sujeito, satisfazendo necessidades, as mais primitivas, que seriam dadas pelo objeto modelo da identificação (MENDONÇA, 1987:36)".*

Talvez, não tenhamos hoje um produto midiático que, para se manter em evidência, necessite tanto das respostas e acenos da audiência como as telenovelas, pois são reduzidas ou ampliadas, personagens aparecem ou desaparecem, são realizadas mudanças no enfoque de temas polêmicos, tudo com a intenção de manter a audiência cativa. Isso é conseqüência do papel estratégico que as telenovelas adquiriram como dispositivo de entretenimento e de modelagem do comportamento, que implica na reprodução de um discurso de conformismo social.

Hábitos de consumo, matrizes históricas e culturais, desejos e gostos, condicionam a negociação entre os telespectadores e os usos simbólicos propostos nesse gênero, que condiciona a percepção do telespectador por suas crenças, afetos, sentimentos, opiniões, cultura, linguagem, etc., que utiliza-se de filtros para manter a sua integridade identitária de sujeito social.

A telenovela, como produto de entretenimento, tem baixo nível informativo, sendo a amnésia social seu principal subproduto, impedindo a construção de uma consciência social consistente que permita, do ponto de vista crítico, a transformação do real, pois a espetacularização dos fatos sociais nos enredos seduz o telespectador, evocando sua anuência. Quando há uma simetria e congruência entre os discursos em exposição e a experiência social do telespectador, a tendência é existir o afrouxamento dos filtros e dos critérios de valoração desses discursos.

Sutilmente, as telenovelas tendem a punir o inconformismo das personagens com o objetivo de que isso tenha um efeito "educativo" na recepção, contribuindo para a existência de uma memória social frágil e inconsistente, pois os conteúdos utilizados para estimular o imaginário dos telespectadores não resgatam as contradições sociais do cotidiano.

Talvez, aí esteja uma das causas que induzem os habituais consumidores das telenovelas, quando interpelados pelas demandas sociais, não responderem com o devido envolvimento que o processo e o momento político requerem, tendo como conseqüência mais funesta a apatia e a reprodução do subdesenvolvimento sócio-cultural.

A imprevisibilidade reativa dos telespectadores é reduzida ao mínimo, pois o pólo de produção constrói uma racionalidade discursiva que passa a agenciar os discursos dos outros campos sociais, onde os enredos desencadeiam uma corrente de sentidos que são formulados a partir de pretensões e procedimentos de seleção, comparação e confirmação dos discursos em exposição, muitas vezes se antecipando e indicando temas e enquadramento da agenda social e política.

As telenovelas constituem-se em um eficiente dispositivo de fuga dos conflitos sociais, pois não pretendem o alargamento da consciência crítica dos telespectadores. A força política das telenovelas está concentrada muito mais naquilo que elas silenciam e não mostram que naquilo que mostram, dizem e explicitam.

Quando a cena em exposição desencadeia um conjunto de sentidos conflitantes, o telespectador instaura um processo de negociação de sentido, buscando chegar a um equilíbrio. Ao se imaginar dentro da "realidade ficcional" proposta pela enunciação, ocorrendo divergência de sentido, o telespectador é convocado a ressignificar sua experiência e remodelar seu comportamento.

Quanto mais os telespectadores dominarem as estratégias montadas pela enunciação para construir os protocolos e os contratos de leitura que conduzem aos efeitos de sentidos, mais a mediação terá conseqüências não previstas pelo pólo de enunciação, haja vista que, na ressignificação das mensagens, o telespectador pode atribuir sentido ou significados outros para a mensagem apresentada, olhando de um ponto de vista diferente daquele construído pela enunciação.

O processo de atribuição de sentido é realizado a partir das generalizações efetivadas com base em crenças e opiniões pessoais, que servem de critério para a conciliação e negociação dos sentidos conflitantesEntre as táticas usadas pela enunciação para organizar o material significante e escapar dos filtros perceptivos construídos pela recepção está à utilização de metalinguagens, que funcionam em um nível lógico diferente daquele que o telespectador está habituado, condicionando, suspendendo ou adiando a ancoragem e efetivação do sentido.

A manipulação do plano de conteúdo das telenovelas se realiza em três momentos distintos: no primeiro, durante a escritura do enredo, onde a escolha do autor e do tema central de abordagem já condiciona o produto. No segundo, durante a realização da obra, onde o diretor e a equipe de produção projetam sobre o *script* todos os seus conhecimentos sobre a linguagem do veículo e do gênero, para que o texto adquira o máximo de eficácia dramática. E no terceiro momento, a finalização, onde a edição de áudio e vídeo reforça as possibilidades dramáticas, dando ritmo e movimento à trama.

Durante todas essas etapas, o processo vai se depurando e ganhando consistência, potencializando os dispositivos de sedução contidos no produto, capazes de aliciar e seduzir o telespectador. Numa análise integral do processo do processo de recepção das telenovelas e das estratégias de apropriação montadas pelos telespectadores, compreende-se que o ato de recepção não se reduz ao momento imediato de contato e exposição ao enredo, mas se desdobra para outros momentos e outros contextos, desencadeando um processo de múltiplas mediações.

Ou seja, uma mediação interage com outras mediações, configurando outros enquadramentos que, ao se confrontarem com outros discursos, produzem novas sínteses, sendo que:

> *"No caso dos meios de comunicação, a resistência tradicional consiste em reintegrar as mensagens segundo o código próprio ao grupo e em torno de seus próprios objetivos. As massas, estas aceitam tudo e desviam tudo em bloco no espetacular, sem exigência de outro código, sem exigência de sentido, na realidade sem resistência, mas fazendo com que tudo passe para uma esfera indeterminada que não é nem mesmo a do não-sentido, mas a da fascinação e manipulação de todos os azimutes (BAUDRILLARD, 1985:38)".*

145

Sob a égide da simulação midiática, concluímos não haver mais a dicotomia entre representação e realidade social, passando a mídia a ser o espaço legítimo de manifestação do real e principal dispositivo de articulação de sentido para construção da realidade, com todos os seus entrelaçamentos de elementos sócio-culturais e político-econômicos, dentro do processo histórico contemporâneo.

Na contemporânea sociedade da informação e do consumo, para funcionar satisfatoriamente, depende e necessita de um campo midiático hegemônico que sirva de elo entre os diversos campos sociais, sem o qual não há sedimentação dos discursos e dos sentidos socialmente significantes. O campo da comunicação é integrador dos diversos segmentos sociais, modeliza as trocas simbólicas, disciplina e adestra os atores sociais, ofertando modos e formas de desejos, prazer, afetos, emoções, gostos.

Contemporaneamente, o indivíduo se realiza nas suas relações e exposições à mídia. Milhares de telespectadores incorporam e reproduzem os discursos e comportamentos disponibilizados pelas telenovelas, tecendo suas identidades a partir do material simbólico disponibilizado por esse gênero midiático, que reproduz as matrizes simbólicas.

Concluímos que os enredos das telenovelas são lugares privilegiados de sedimentação das fantasias e do imaginário, balizando as experiências e vivências de seus telespectadores. É evidente que a resistência dos telespectadores em endossar os sentidos originários da enunciação, de certa forma, dissocia os pólos de emissão e recepção. Mesmo assim, as questões relativas às diferenças sócio-culturais, nas telenovelas, são resolvidas de forma fácil e efêmera por uma estética do conformismo, que pretende dissipar as tensões sociais existentes.

Nesse paradigma, as divergências entre as práticas cotidianas e a organização social são refletidas no sentido da integração das diferenças e não de sua superação. O sistema simbólico, como mecanismo dinâmico de permanência e/ou transformação da identidade social dos telespectadores, provoca a interação entre os processos mentais conscientes e inconscientes.

Durante a exposição existe a pretensão de desarmar os telespectadores de suas resistências, submetendo-os, por adesão, às matrizes simbólicas ofertadas, impedindo a construção de identificações pela diferença, privilegiando a semelhança. As diferenças, divergências e conflitos dos discursos manifestam-se em dois níveis: objetivo/social, refletindo as diferenças de interesses entre os grupos sociais; subjetivo, que reflete os desejos e a experiência do telespectador em suas formas e práticas específicas de uso (mesmo que seja dentro do próprio grupo social ao qual pertence o sujeito).

O telespectador realiza uma dupla vinculação: interna/subjetiva e externa/social. Ao mesmo tempo em que as telenovelas permitem a inclusão de determinados discursos, são também instrumento de exclusão, através da omissão e da caricaturização.

O enredo é reeditado pelo telespectador a partir de outras mediações, de sua experiência e de outros discursos sociais, assistindo, no mínimo, a três telenovelas diferentes: a primeira, diz respeito àquela que ele vê na tela e assiste conscientemente, onde as personagens e as tramas estão claramente definidas.

A segunda refere-se aos recursos técnicos, estéticos e de linguagem permitidos pelo suporte midiático e pelo gênero que ele só toma conhecimento de forma superficial, já que não detém os conhecimentos técnicos e teóricos necessários a essa tarefa. Aqui se inclui o *merchandising*, que consiste na apresentação, muitas vezes de forma subliminar, de produtos e serviços diluídos na trama, constituindo-se num forte nicho mercadológico para as emissoras de TV.

A terceira é constituída por reforços que as telenovelas recebem de outros gêneros na mesma mídia, como as revistas eletrônicas e os telejornais, ou de outros veículos, como os jornais impressos, principalmente os cadernos de TV, revistas especializadas, rádio e sites.

Faz-se imprescindível e inadiável educar o público para a leitura crítica dos produtos da mídia, ajudando-o a interagir de forma pró-ativa com os meios de comunicação e os produtos midiáticos, pois a mídia desempenha um papel preponderante na modelização das relações sociais e interpessoais.

Enfim, nosso desejo é que alguns tópicos desse trabalho sirvam de estimulo para outras leituras e de sugestão para outros estudos, de caráter empírico ou teórico, sobre a produção e recepção das telenovelas e análise dos seus efeitos no telespectador e na sociedade.

# 9 – Referências Bibliográficas

BASSIT, Ana Zahira. Et alli (1985). *Identidade: teoria e pesquisa*. EDUC-PUC/SP.

BAUDRILLARD, Jean (1985). *À sombra das maiorias silenciosas*. Brasiliense, SP.

__________ (1993). *Simulação e simulacro*. Edições 70, Lisboa.

__________ (1995). *Para uma crítica da economia política do signo*. Edições 70, Lisboa.

BIRDWHAISTELL, Ray L. (1971). *Cinésica: pesquisa de comunicação intercanal e intracanal*. In KRISTEVA, Julia. Et alli. *Ensaios de semiologia*. Eldorado, RJ.

ECO, Umberto (1974). *As formas do conteúdo*. Perspectiva, SP.

__________(1976). *A estrutura ausente*. Perspectiva, SP.

ESCOSTEGUY, Ana Carolina (2000). *Um olhar sobre os estudos culturais Latinos Americanos*. In Coletânea Mídias e Recepção. Unisinos, São Leopoldo.

FAUSTO NETO, A. (1995). *A deflagração do sentido: estratégias de produção e captura da recepção*. In MAURO, Wilton (Org). *Sujeito, o lado oculto da recepção*. Brasiliense, SP.

FILHO, Daniel (2001). *O circo eletrônico: fazendo TV no Brasil*. Zahar Editores, RJ.

HAJJI, Moha (2000). *Globalização e novas tecnologias de comunicação: uma nova esfera cognitiva*. ECO/UFRJ. RJ. Inédito.

BOURDIEU, Pierre (1989). *O poder simbólico.* Ed. Bertrand Brasil, RJ.

COELHO NETO, J. Teixeira. (1983). *Semiótica, informação e comunicação*. Perspectiva, SP.

CAMPEDELLI, Samira Youssef (1985). *A telenovela*. Ática, SP.

CANCLINI, Nestor Garcia (1997). *Consumidores e cidadãos*. UFRJ/RJ.

CERTEAU, Michel (1994). *A invenção do cotidiano*. Vozes, Petrópolis.

DARIN, Leila de Mello (1990). *A relação texto-leitor na teoria da recepção*. Revista Semiótica e Comunicação. FAPESP/PUC-SP. Vol. 3, Julho/Dezembro.

MENDONÇA, Robson Cabral de (1987). *Identidade: identificação, relação e escolha objetal*. EDUFAL, Maceió.

MOREIRA, Roberto S. C. (1979). *Teoria da comunicação: ideologia e utopia.* Vozes, Petrópolis.

NEIVA JÚNIOR, Eduardo (1986). *A imagem*. Ática, SP.

NORA, Pierre. *Entre a memória e a história: os lugares de memória. S/R*

POLLAK, Michael (1989). *Memória, esquecimento, silêncio*. In Estudos históricos. Vértice, SP. Vol. 2, nº 3.

RODRIGUES, Adriano Duarte (1996). *O campo dos média*. Vega, Lisboa.

SANTOS, Reinaldo (1993). *Vade Mécum da Comunicação*. Destaque, RJ. 10.ª edição

ISER, Wolfgang (1979). *A interação do texto com o leitor*. In: Lima, Luiz Costa (Org). *A literatura e o leitor*. Paz e Terra, RJ.

KLEIN, Melanie. HEIMANN, Paula. MONEY-KIRLE, R. E. (Orgs) (1969). *Temas de psicanálise aplicada*. Zahar Editores, RJ.

LADRIERE, Jean (1979). *Os desafios da racionalidade: o desafio da ciência e da tecnologia às culturas*. Vozes, Petrópolis.

LOPES, Maria Immacolata Vassalo de (2000). *Uma metodologia para pesquisa das Mediações*. In Coletânea Mídias e Recepção. Unisinos, São Leopoldo.

MAZZIOTT, Nora (1994). *Telenovelas latino-americanas: deslocamentos na textualidade do gênero*. In BORELLI, Silvia Helena Simões (Org.). *Gêneros ficcionais, produção e cotidiano*. Intercom, RJ.

RIVIERE, Joan (1969). *A fantasia inconsciente de um mundo interior refletida em exemplos da literatura*. In KLEIN, Melanie. HEIMANN, Paula. MONEY KIRLE, R. E. (Orgs.). *Temas de psicanálise aplicada*. Zahar Editores, RJ.

TORRE, Alberto Efendy Maldonado Gomes de La (2000). *Explorar a recepção sem dogmas, em multiperspectiva e com sistematicidade*. In Coletânea Mídias e Recepção. Unisinos, São Leopoldo.

VELHO, Gilberto (1994). *Memória, identidade e projeto*. In Projeto e metamorfose. Zahar Editores, RJ.

VERÓN, Eliseo (1970). *Ideologia, comunicação e informação*. Cultrix, SP.

___________ (1980). *A produção de sentido*. Cultrix.

REDE TUPI
DE TELEVISÃO

TV EXCELSIOR

REDE MANCHETE

RECORD

BAND

sbt

RedeTV!

*Fim*